GEORG MUSCHALEK

# TAT GOTTES UND SELBSTVERWIRKLICHUNG DES MENSCHEN

# QUAESTIONES DISPUTATAE

Herausgegeben von
KARL RAHNER UND HEINRICH SCHLIER

Theologische Redaktion
HERBERT VORGRIMLER

Internationale Verlagsschriftleitung
ROBERT SCHERER

62

## TAT GOTTES
## UND SELBSTVERWIRKLICHUNG DES MENSCHEN

GEORG MUSCHALEK

# TAT GOTTES UND SELBSTVERWIRKLICHUNG DES MENSCHEN

## EMPFANGEN UND TÄTIGSEIN ALS FÄHIGKEIT CHRISTLICHEN GLAUBENS

HERDER

FREIBURG · BASEL · WIEN

Imprimatur. – Freiburg im Breisgau, den 11. Oktober 1973
Der Generalvikar: Dr. Schlund
Herder Druck Freiburg im Breisgau 1974
ISBN 3-451-02062-9

*MEINER MUTTER*
*zum 2. 10. 1973*

# Vorwort

Im Vorwort meines Buches „Glaubensgewißheit in Freiheit“ (Quaestio disputata 40) hatte ich eine weitere Untersuchung angekündigt, die sich ebenfalls mit dem Themenkreis „Glaube“ befassen sollte. Aus mancherlei Gründen hat es länger gedauert als damals geplant, bis diese Ergänzung, oder dieses Gegenstück, erscheinen kann. Die damalige Untersuchung stand unter der allgemeinen Frage, wie Glaube möglich sei, auch heute und gerade heute. Die eine Antwort, die mit der damaligen Veröffentlichung gegeben werden sollte, war, daß Gewißheit dieser Art nur *in* Freiheit und *durch* Freiheit zu finden sei. Gott kann also nur in Freiheit gewußt und erfahren werden. Die vorliegende Untersuchung fragt wiederum nach der Möglichkeit, Gott im Glauben zu finden und zu erfahren. Der Fragepunkt ist anders, ergibt sich aber ebenfalls aus unserer geistigen Situation. Es wird gefragt, ob Gott tätig sein könne, da der Mensch sich selbst verwirklichen müsse. Es wird damit neuerlich nach Gott und seiner Erfahrbarkeit gefragt; denn ein untätiger Gott ist tot, und sei es auch nur für die Menschen, die seine machtvolle Wirksamkeit nicht mehr erfahren können.

Ich danke den Herausgebern und dem Verlag für die freundliche Veröffentlichung in der Reihe der „Quaestiones disputatae“. Für unermüdliche und umsichtige Hilfe bei der Beschaffung von Literatur, der Herstellung des Manuskripts und des Literaturverzeichnisses möchte ich Frl. stud. phil. Helga Rosenberger sehr danken.

München, im Oktober 1973

*Georg Muschalek*

# Inhalt

*Zweiter Teil*
*Selbstverwirklichung des Menschen als Entgegennahme des Heils*

# Einleitung

Die Situation, in der wir leben, ist doch folgende: Wirklichkeiten, die früher zum Christsein gehörten, sind fraglich geworden, zumindest fraglich, für viele unvollziehbar. Dabei geht es nicht nur um irgendwelche Wahrheiten des Glaubens, Randfragen, denen zu allen Zeiten einmal das Schicksal, nicht beachtet oder bezweifelt zu werden, praktisch oder auch theoretisch ausgeklammert zu werden, zuteil wurde. Es geht jetzt um Fragen, die so unmittelbar den Kern dessen betreffen, was Christentum in der Geschichte hieß und – noch wichtiger – was offensichtlich zur Mitte dessen gehört, was das Neue Testament als Botschaft Jesu Christi verkündigt.

Ob es Gnade gibt, jenes Geschehen, das vom erbarmenden Gott ausgeht und den Menschen real erreicht, ihn trifft und verwandelt, so verwandelt, daß er ihre Früchte ernten kann: Freude, Friede, Vergebung, Freiheit, neues Leben – ob es das gibt, ist nun die Mitte unseres religiösen Fragens geworden. Zwar geschieht das meist nicht ausdrücklich, sondern oft genug in dem Unbehagen, in der Verlegenheit und Irritation, die wir vor diesem Wort und diesem Begriff erfahren. Wir spüren einen Zwiespalt, ohne ihn benennen zu können, zwischen unserem Verstehen, seiner Möglichkeit und der Wirklichkeit, die Gnade in der Verkündigung des Evangeliums darstellt. Der zweifelnde Abstand zu diesem Bereich des Christlichen wird noch dadurch verstärkt, daß wir die Fremdheit dieser Begriffe bei anderen Christen unserer Umgebung ganz anders dargestellt finden. Aus der Fremdheit dieser Vorstellungen, hier noch verlegen und etwas schuldbewußt gefühlt, wird dort die offene Konsequenz gezogen: Die christliche Botschaft muß anders verstanden werden, ohne diese ihre unverständlichen Dimensionen; es ist an der Zeit, das Wesen des Christlichen neu und besser zu begreifen, so zu begreifen, wie es die reifere Geistigkeit von heute verlangt.

Vieles gehört zu diesem Bereich, der unzugänglich geworden zu sein scheint. Daß wir Gnade überhaupt brauchen, weil wir in einer wesentlichen Dimension schwach sind, ja mehr: daß wir auf Hilfe und Vergebung Gottes angewiesen sind, gehört dazu. Vergebung von seiten der Menschen scheint ihre Berechtigung zu haben; Vergebung von Gott wird aus mehreren Gründen unverständlich. Damit hängt zusammen, daß Gebet zu einer großen Frage geworden ist. Kann es sinnvollerweise Gebet als Flehen zu Gott geben, oder auch als Bewunderung und Lob Gottes, ohne daß man fühlt und sagen muß, ein solches Gebet kann den Gott, den wir vor Augen haben, gar nicht erreichen? Ist Gebet nicht eigentlich Raum der Besinnung, Besinnung auf die Möglichkeiten und Aufgaben des menschlichen Handelns? Ist nicht die Vorstellung von Gebet, das Gott erreichen und beeinflussen möchte, eine Vorstellung, die einer primitiven Zeit angehört? Auch die Gestalt Jesu kann uns nahe sein, wenn wir sie in ihrem Leben sehen, das so war wie unser Leben, mit den gleichen Problemen und Aufgaben, und das deshalb wichtig für uns ist, weil es gelungener ist als das unsere. Jesus als den Auferstandenen zu sehen und zu erfahren, als den Kyrios, dem die Macht gegeben ist und der Herrschaft über uns aufrichtet, ist ein Gedanke, der entweder verlegen vermieden oder resolut abgebaut wird. Christus als den kosmischen Herrscher zu sehen, scheint für den Menschen des säkularen Denkens nicht mehr möglich zu sein.

In diesen und ähnlichen Inhalten unserer Glaubensbotschaft geht es immer um einen Bereich, der nicht unserer säkularen Erfahrung zugänglich ist. Es ist ein unweltlicher Bereich, der überweltlich genannt werden kann, anderen Gesetzen untersteht als denen, mit denen wir in unserer Welterfahrung zu tun haben; ein Bereich, der nicht nur unserer Welterfahrung entzogen ist, sondern – was vielleicht noch schwerer wiegt – auch unserer Verfügung, unserem Zugriff, unserer Gestaltungskraft. Es ist ein Bereich, der anders ist als der uns in besonderer Weise vertraut und wichtig gewordene Bereich unserer Welt, also ein fremder und ferner Bereich. Diese andere Welt Gottes hat aber, und das darf nicht übersehen werden, für unser Empfinden die Tendenz, uns dieser unserer Welt zu entziehen, uns zu nötigen, die Aufgaben dieser Welt liegenzulassen, und sei es nur teilweise und zeitweise. So kommt es, daß die andere Welt Gottes uns zu fern ist, als daß sie uns wichtig und vertraut sein könnte.

Sie ist aber gleichzeitig – seltsam genug – uns zu nah. In der kurzen

Skizze der befremdlichen Seiten der christlichen Glaubensbotschaft war immer von Wirklichkeiten Gottes die Rede, die ihn wirksam in dieser Welt erscheinen lassen könnten, als einen, der nicht nur letzter Garant dieser Welt, ihres Bestandes, ihrer Ordnung, der Gerechtigkeit und der Liebe wäre, sondern einer, der in überlegener Macht handelt, an dieser Welt und in dieser Welt. Der vergebende Gott, der erhörende Gott, der Gott, der im auferweckten Kyrios die Welt leitet, ist ein Gott, der lebendig ist in gestaltendem, veränderndem Tun, das für das Leben der Welt und für das Leben des einzelnen höchst bedeutsam ist. Dieser Gott, in und an der Welt und den Menschen handelnd, in die Welt und in das Leben der Menschen „eingreifend" (in einem später näher zu bestimmenden Sinn, der aber höchste Realität meint), ist ein Gott, der den Menschen sehr nahe ist, heute zumeist unheimlich nahe. So stehen wir vor dem Paradox, daß Gott und seine Welt und sein Wirken einerseits uns zu fern sind, in einer jenseitigen Welt, die angesichts unserer Welt irreal wie ein Traum erscheint, und daß er anderseits mit dieser Art von Handeln in der Welt ebenfalls unbegreiflich erscheint angesichts dessen, was wir von den wahren Wirkkräften der Welt wissen.

Denn die Erfahrung jener Kräfte, die unsere Welt und das Leben des Menschen verändern, ist eine der wichtigsten Instanzen, die uns den Glauben an Gottes Handeln erschweren. Die dreihundert letzten Jahre haben die Aktivität des Menschen endeckt. Erst langsam, dann immer schneller bis zu dem sinnenverwirrenden Tempo der heutigen Tage hat der Mensch die Fähigkeit entwickelt, selbst zu handeln und in seinem Handeln die Welt zu verändern und sich dazu. Die wichtige Erfahrung, die er dabei gemacht hat, ist, daß vieles erst jetzt zum Besseren gewendet wurde. Eines der eindrucksvollsten Beispiele ist die Gesundheit des Menschen. Was Gebet nicht zustandegebracht hat, bewirkte die Medizin, so kann man sagen. Die seelischen Probleme oder die Probleme des menschlichen Zusammenlebens, die den Menschen oft bodenlos unglücklich machen, können mit Hilfe der vom Menschen entdeckten Vorgänge und ihrer Gesetze geändert werden. Die Frage spitzt sich in quälender Weise zu: Wird das Heil des Menschen – und um das geht es doch menschlichem und göttlichem Bemühen – nicht wirksam erst dort hergestellt, wo der Mensch ohne Rücksicht auf göttliche Ansprüche und Versprechungen die Dinge selbst in die Hand nimmt und mit Umsicht, Fleiß und Ausdauer Mittel findet, die dem Menschen zu seinem Heil, das heißt zu seiner ganzen Verwirklichung und damit schlicht zu seinem Glück verhelfen?

Die Frage ist nicht leicht abzutun. Zwei Dinge müssen geschehen, um einer Antwort näher zu kommen. Es muß das Wesen dieser neuzeitlichen, sich entfaltenden Aktivität des Menschen geklärt werden, um zu sehen, was sich als Konkurrenz für Gottes Handeln darstellt. Zum anderen muß genau untersucht werden, was das offenbarende Wort der Schrift vom Handeln Gottes sagt. Es wird sich dann die Frage stellen, ob für Gottes Handeln etwa noch ein Platz in der vom menschlichen Handeln beherrschten Welt gesucht werden muß, oder ob nicht Gottes Handeln derart ist, daß es vom Menschen dringend gesucht ist, ohne daß er es weiß, als eines, das er entgegennehmen muß, um überhaupt seine menschliche Aktivität weiterhin vollziehen zu können. Es wird sich dann überraschend die Frage stellen, ob nicht das Entgegennehmen dieses Handelns Gottes etwas ist, was so sehr zum Menschsein gehört, daß ohne es das Menschsein pervertiert. Das Entgegennehmen dieses Handelns Gottes könnte sich als Ermöglichung von menschlicher Aktivität überhaupt herausstellen, so daß nicht die Spur eines Konkurrenzverhältnisses zwischen göttlicher und menschlicher Aktivität sich finden läßt. Christlicher Glaube könnte somit zu etwas (wieder) werden, das Fähigkeit des Entgegennehmens ist – der Wirklichkeit Gottes und, was mit ihr gegeben ist, der Wirklichkeit überhaupt. Ja, man muß dann vielleicht noch mehr sagen. Christlicher Glaube wird wohl diese Fähigkeit des Entgegennehmens, also die Fähigkeit wirklich zu leben, durch sich selbst erst ganz hervorbringen. Davon soll dieses Buch handeln.

Der Untertitel dieses Buches hat somit nicht nur eine Bedeutung. Es soll die Rede davon sein, daß Empfangen und Tätigsein wesentlich das, was „glauben“ heißt, ausmacht; daß zweitens die Fähigkeit zum Empfangen und Tätigsein Voraussetzung dafür ist, glauben zu können; und daß drittens jene Fähigkeit die Frucht christlichen Glaubens sein kann und sein müßte.

Die Skizzenhaftigkeit der Behandlung des Problems in den vorliegenden Kapiteln ließ sich nicht vermeiden. Wenn man es auf sich nimmt, ein solch umfassendes Thema zu behandeln, muß alles in großen Strichen gezeichnet werden. Anders würde eine solche Untersuchung (die keine große Monographie, sondern eine *Quaestio disputata*, eine zur Erörterung gestellte Frage, ist) nicht geschrieben werden können. Die Zielsetzung des Buches bringt es mit sich, daß auch dort, wo Texte und Autoren interpretiert werden, ich eine strenge und minutiöse Interpretation voraussetze (die sich in vielen Fällen von kundigen Interpreten leiten läßt, wie die Verweise zeigen), selbst aber das Wagnis eingehe, große verbindende Linien zu ziehen. Was an Genauigkeit und an Nuancen der Interpretation verlorengeht, kann im Verstehen größerer Zusammenhänge seinen Gewinn haben.

Es mag verwundern, daß die biblische Botschaft im Ersten Teil (der von der „Fremdheit" handelt) dargestellt wird. Ihre Fremdheit mitten in den ganz anderen Vorstellungen vom Heil soll aber deutlich werden.

Daß Kapitel mit sehr verschiedenem Inhalt und sehr verschiedener Denkweise (vor allem das biblische Kapitel und die Kapitel der Deutung heutigen Geistes) so schroff und (zunächst) unvermittelt nebeneinander stehen, ist nicht Rücksichtslosigkeit gegenüber dem Leser, sondern ist beabsichtigt. Die Verschiedenheit der Welten soll von ihnen selbst her deutlich werden, vielleicht bis zu unerträglicher Spannung; damit hat sich die Frage nach der Vermittlung zwischen diesen Welten selbst gestellt.

# Erster Teil

# Die Fremdheit der Vorstellung von der Entgegennahme des Heils

## I. CHRISTLICHER GLAUBE UND VON GOTT GESCHENKTES HEIL

### *1. Altes Testament*

Wenn eines in der Mitte von Israels theologischem Fragen und Denken stand, dann ist es die Tatsache, daß Jahwe der beständig tätige und handelnde Gott war. Das hat Israel erfahren und bedacht. Die Verschiedenheit dieser Erfahrung, ihre Wechselfälle, bildeten die eigentliche Geschichte Israels. Das Handeln Jahwes an Israel und Israels Geschick unter diesem Handeln waren der Gegenstand der Theologie dieses Volkes. Die Ausweitung des machtvollen Handelns Jahwes auf andere Völker und auf die ganze Welt und seine Ausweitung auf das ganze Leben der Menschen mit der Durchdringung des profanen Lebens stellten das wachsende Begreifen der Größe des Handelns Jahwes dar.

Israels *Theologie* beschränkt sich auf einen – von uns aus gesehen – erstaunlich schmalen Ausschnitt theologischer Wirklichkeit: Sie kreist um das Handeln Jahwes an Israel und am einzelnen. In immer neuem Bemühen hat Israel darum gerungen, Jahwes Treue zu erfassen, sich auf sie zu stützen, sie festzuhalten, zu ihr zurückzukehren[1]. Freilich wurde dieses Fragen in Bewegung gehalten durch die Frage nach dem eigenen Geschick. Die menschliche Existenz war aber nur ein Problem, insofern sie auf Jahwe bezogen, von ihm angenommen oder vergessen war, in Heil oder Unheil verlief. Eine Frage nach dem Wesen des Menschen als solchem (zu dem dann auch eine Beziehung zu Gott gehören könnte) war Israel fremd. Um das Volk und den einzelnen zu verstehen, sein Leben zu ergründen, um Not zu wenden, um die Hände frei zu haben für die Aufgaben des Lebens, ging der Blick auf Jahwe, den

[1] Vgl. *v. Rad*, Theologie I, 7f., 112, 117 (und auch sonst öfter). – In den Anmerkungen werden die Werke nur unter einem Kurztitel aufgeführt; das Literaturverzeichnis bringt die vollständigen bibliographischen Angaben. Hervorhebungen in den Zitaten sind immer vom Original übernommen.

machtvoll Handelnden. Ein anderer konnte Israel gar nicht in den Blick kommen. So wurden die Geschichtstaten Jahwes gerühmt, sein Helfen und Retten im Einzelleben wurde gepriesen. Israels Theologie bestand im Erfahren, Verstehen und Bekennen der Taten Gottes. Wie grundlegend diese Weise der Theologie für Israel war, zeigt sich daran, daß Israel immer in schwerste Bedrängnis geriet, wenn der Kontakt mit dem handelnden Gott verlorenging[2].

Israels Theologie war theologische *Geschichtserfahrung*. Der abendländische Geschichtsbegriff ist hier (neben Griechenland, wenn auch dort ganz anders) grundgelegt worden[3]. Daß uns dies heute, vor allem angesichts der säkularisierten Geschichte mit ihrer Hinwendung zur Zukunft als herbeizuführendem Fortschritt, nicht mehr bewußt wird, zeigt, wie selbstverständlich wir von diesem Denken leben, das für die Antike und für die Bereiche außerhalb des abendländischen Einflusses gar nicht selbstverständlich war und ist. Israel reflektierte auf geschichtliche Zusammenhänge und unterschied sich darin von seiner Umwelt. Sosehr sich die Weise, Geschichte zu erfahren, für Israel wandelte, so sehr blieb eines durch alle Wandlungen und alle Jahrhunderte hindurch bestehen: Jahwe war der Herr der Geschichte, der machtvoll in sie eingriff oder sie als ganze führte. In moderner Terminologie gesagt: Jahwe war das eigentliche, ja nach mancher Darstellung sogar das einzige Subjekt der Geschichte[4].

In der frühen Zeit entstanden die Einzelüberlieferungen. Sie bekannten und priesen Einzeltaten Jahwes, so vor allem die Erhörung in Ägypten, die machtvolle Herausführung und die Landgabe. An erster Stelle steht das Credo Dtn 26,5–9: „... und Jahwe erhörte uns und sah unser Elend, unsere Mühsal und Bedrückung. Und Jahwe führte uns heraus aus Ägypten mit starker Hand und ausgerecktem Arm, unter großen Schrecknissen, unter Zeichen und Wundern und brachte uns an diesen Ort und gab uns dieses Land ..."[5] Die Geschichtstaten Jahwes wurden gerühmt und in Bekenntnisse gefaßt. Daß Israel glaubte, bedeutet, daß es geschichts*theologisch* dachte. Es wußte, bekannte und

---

[2] *v. Rad,* Theologie I, 451.

[3] *Löwith,* Weltgeschichte 11f., 14ff., 148–159, 168f. u.ö.; *v. Rad,* Theologie I, 56–65; vgl. II, 350–361.

[4] Zum Begriff „Subjekt der Geschichte" vgl. *Schulz,* Philosophie 551.

[5] *v. Rad,* Theologie I, 127f. „Das Pathos, das hinter dieser Rezitation steht, ist allein das eines strengen Feierns der Gottestaten ..." (a.a.O. 127); vgl. *Schreiner,* „Credo" (Lit.!).

hielt daran fest, daß Jahwes Hand in der Geschichte zum Heil des Volkes und des einzelnen wirksam war. Diese frühen Einzelüberlieferungen waren aber der Entwicklung zur Geschichtsschreibung gar nicht günstig. So sehr war Jahwe das handelnde Subjekt der Ereignisse, daß die irdische Kontinuität gar nicht recht in den Blick kommen konnte[6]. Die Überlieferung besteht aus episodenhaften Wundererzählungen, die fast unverbunden nebeneinanderstehen und die verbindenden menschlichen Ereignisse oft gar nicht ahnen lassen. Ein Verstehen irdischer (wir würden sagen: innergeschichtlicher) Zusammenhänge kann somit nicht aufkommen; so scheint es wenigstens.

In der frühen Königszeit, also vor allem seit David um das Jahr 1000 vor Christus mit der Begründung des Heiligtums auf dem Sion, entstehen die drei großen Geschichtswerke: die Geschichte von Davids Aufstieg (1 Sam 16,14 – 2 Sam 5,12), von der Thronnachfolge Davids (2 Sam 6,12.20 – 1 Kön 2) und das Geschichtswerk des Jahwisten[7]. Hier beginnt Geschichtsschreibung in – man könnte sagen – irdischerem Verstand. Der Zusammenhang des Geschehens wird jetzt nicht nur in der Hand des da und dort handelnden Gottes geglaubt, sondern wird auf profane Weise erfahren. Der Zusammenhang des Geschehens wird so dargestellt, wie er von einem Menschen, der sich dafür interessiert, gesehen werden kann. Die Fäden der Entwicklung werden geknüpft, der äußeren und der Entwicklung der Herzen. Eine tiefgehende Veränderung in Israel hat zu dem geführt, was Gerhard von Rad eine „Aufklärung" und den „salomonischen Humanismus" nennt[8]. Jahwe bleibt aber unbezweifelt der Herr der Geschichte. Beim Jahwisten steht das direkte und sichtbare Eingreifen Jahwes noch im Vordergrund[9]. Das Neue aber nimmt breiten Raum ein: Jahwes Walten ist verborgen, so daß man es übersehen könnte. Er ist der, der die Dinge und vor allem die menschlichen Herzen zum Guten lenkt –, oder auch „einen bösen Geist zwischen Abimelech und die Bürger von Sichem sendet" (Ri 9,23). Die Erzählung von der Brautwerbung Rebekkas Gen 24 ist eine solche Geschichte. Alles verläuft so natürlich (würden wir sagen), so verständlich, gerade wegen der großen Zartheit und

[6] *v. Rad,* Theologie I, 58. In der Darstellung der Geschichtserfahrung Israels schließe ich mich eng an v. Rad an, vor allem Theologie I, 56–65; II, 350–361.

[7] *v. Rad,* Theologie I, 57.

[8] A.a.O. 61, 63.

[9] A.a.O. 59, auch zum folgenden.

seelischen Vielfarbigkeit der Vorgänge. Was ist dies anderes als ein besonders tiefes Verstehen des Zusammenspiels, auch wenn darin das menschlich Wunderbare sich findet? Es ist aber, nicht darüber hinaus, sondern gerade darin, eine göttliche Wundergeschichte. Als eine solche hat Abraham diese Ereignisse erhofft, und als ein solches Walten Jahwes hat Laban diese so menschlichen Ereignisse verstanden.

Deshalb hat Israel in seiner Geschichtstheologie Dichtung hervorgebracht und sich in diesem Medium ausgesagt. Es wollte über das rein historisch Geschehene hinaus das Besondere darstellen, das darin lag, daß es Jahwes Heilshandeln war. Es versuchte, dieses Handeln Jahwes, das dem Blick des bloßen Historikers unzugänglich ist, zu erfassen, in seiner besonderen Gestalt zu erkennen, es in eine Gestalt oder in ein Ereignis hineinzuverdichten[10]. Das ist für uns, die wir gewohnt sind, das „Historische" als das eigentlich „Wirkliche" anzusehen, verwirrend. Die Auflösung des traditionellen Bildes der Geschichte Israels ist für sehr viele heute noch eine Belastung[11]. Für Israel ist das Wirkliche der Geschichte das Wirken Jahwes, das für den offenbar ist, der durch sein Vertrauen auf Jahwe für dessen machtvolle Lebendigkeit hellsichtig geworden ist. Erst die deuteronomistische Geschichtsschreibung wird prosaisch. „Bis ins 6. Jahrhundert konnte also Israel der Dichtung zur Konzeption der Geschichte nicht entraten."[12] So waren auch die Väter nicht „Gestalten" im heutigen biographischen oder literarischen Sinn. An ihnen sollte sich zeigen, daß und wie Gott sich offenbart, und wie die Pläne Gottes die Menschen erfassen[13].

Wie der vertrauende Glaube Israels die Geschichte als ein Handeln Gottes sieht, so ist seine *Hoffnung* ähnlich ganz und gar von Gott bestimmt, nicht so sehr von einem erhofften Gut[14]. Oft wird nur ein Hoffen einfachhin genannt, ohne zu sagen, was erhofft wird. Hoffnung so gesehen heißt die Entscheidung und die Führung Gott über-

---

[10] A.a.O. 114–118.

[11] „Hat denn Israel je anders als im Pathos des Rühmens oder der Reue von seiner Geschichte geredet? Die historische Forschung sucht ein kritisch gesichertes Minimum; das kerygmatische Bild tendiert nach einem theologischen Maximum. Daß diese beiden Aspekte der Geschichte Israels so weit auseinanderfallen, das gehört zu der schwersten Belastung, unter der die Bibelwissenschaft heute steht" (*v. Rad*, Theologie I, 114).

[12] A.a.O. 115.

[13] *v. Rad*, Josephsgeschichte 7.

[14] *Bultmann*, ThW II, 519; ἐλπίζειν ἐπί (c. Dat. od. Acc.), εἰς, ἐν, im Profangriechischen kaum gebräuchlich, werden in LXX häufig.

lassen; alles kommt darauf an, daß Gott die Dinge in die Hand nimmt und in der Hand behält, weil dann alles gut wird. Die Frage, *was* die Zukunft bringt, verliert demgegenüber an Bedeutung[15]. Biblische Hoffnung wird zur offenen Hoffnung.

Eine der wichtigsten Formen, in denen Israel Jahwes Handeln erfahren hat, war der *heilige Krieg*. Es waren Jahwes Kriege[16]; Jahwe allein war der Handelnde. Für uns ist dies unbegreiflich: Ein Geschehen, das unbezweifelbar höchste Aktivität des Menschen erfordert, sah und erfuhr Israel als eines, in dem Jahwe die Dinge allein in der Hand hatte und wo er allein der Kämpfende war. Er mußte auch die Entscheidung treffen, ob der Krieg geführt werden sollte[17]. Israel hatte sich von allen militärtechnischen Überlegungen zurückzuhalten, weil sie ein ungläubiges An-sich-Nehmen dessen wären, was Jahwe zu tun versprochen hatte. So begann auch der Krieg mit dem Gottesspruch: „Jahwe hat die ... in eure Hand gegeben"[18]; die Israeliten sollten eher stillehalten als kämpfen: „Jahwe wird für euch kämpfen" (Ex 14,13b–14 [J])[19]. Der Gottesschrecken, der über die Feinde kommt, brachte die entscheidende Wende. Es war ein Schrecken, der wiederum nicht primär sich im Gefühl ausbreitete, sondern die Feinde in ihrem Handeln so verwirrte, daß sie sich gegenseitig umbrachten[20].

Überraschend ist auch, daß das alte Israel problemlos in einem theologischen Synergismus dachte[21]. Jahwe handelte und Israel handelte, Jahwe kämpfte und Israel kämpfte. Es war für Israel unbezweifelbar, daß Jahwes Handeln und Kämpfen entscheidend war. Trotzdem fand sich – fast „daneben" – ein Kämpfen Israels, von dem sogar gesagt werden konnte, daß es „Jahwe zu Hilfe kommen" mußte (Ri 5,23).

Von einer wachsenden theologischen Reflexion würden wir erwarten, daß sie das unverbundene Nebeneinander von Jahwes Handeln

---

[15] Es ist kennzeichnend für den modernen Blickwandel, der sich darin kundtut, daß *Moltmann* (Hoffnung 107f.) meint, im Blick gerade auf die alttestamentliche Hoffnung, daß sie nicht „als spes purissima in Deum purissimum" ginge (und sich darin gegen Luther wendet). Sosehr sie die verheißene Zukunft „vom Zukommen Gottes selbst und nicht abgesehen von ihm" erwartet, so sehr erhofft sie auch „dies und das" und so wenig hofft sie „nur personal ‚auf ihn'". – Sicher hat die atl. Hoffnung auch mit den Hoffnungsgütern zu tun; die Akzente sind aber auffällig vertauscht.

[16] *v. Rad*, Krieg 9, mit der eindrucksvollen Zusammenstellung der atl. Formulierungen. Vgl. auch 10, 46 u.ö.

[17] A.a.O. 59.

[18] Ursprünglich: „Ich, Jahwe, habe ..."; a.a.O. 7ff.

[19] A.a.O. 46. [20] A.a.O. 12. [21] A.a.O. 13 und Anm. 10.

und Israels Handeln in eine einigermaßen verständliche Beziehung zueinander bringt. Noch näher liegt uns heute die Vorstellung, daß Israel mit größerer geistiger Reife und Selbständigkeit einsah, daß sein Schicksal ohne sein Handeln nicht entschieden werden kann, und daß die Meinung, Jahwe greife wie ein Krieger ein, eine naive Vorstellung der Frühzeit war, ein mythisches oder gar magisches Denken, wie wir es heute zu klassifizieren pflegen. Das Gegenteil trat aber ein. Die wachsende theologische Reflexion entwertet noch mehr den menschlichen Anteil; sie „degradiert" Israels Handeln „zu einer Art von Demonstration" (Ri 7,16ff.)[22]. Wenn wir die wachsende theologische Reflexion mit einem besseren Verstehen dessen, was Handeln Gottes und was Handeln des Menschen ist, gleichsetzen dürfen, ergibt sich das Erstaunliche, daß für Israel die wahre Glaubenssicht die ist, die den Anteil des Menschen fast durchstreicht: Im Entscheidenden handelt Jahwe.

So ist in der nachsalomonischen Novellistik der heilige Krieg das absolute Jahwewunder, „das jede menschliche Mitbeteiligung ausschließt"[23]. Wir dürfen nicht vergessen, daß wir uns in der Aufklärung Israels befinden, einer Aufklärung, die sich hier nur in der entmythologisierten Darstellung des Vorgangs einen Ausdruck schafft[24]. Auch für Jesaja gilt es, daß Jahwe allein und *ausschließlich* handelt[25]; das unbe-

---

[22] A.a.O. 13. [23] A.a.O. 50.

[24] Deutlich in dem Wort Davids gegenüber Goliath 1 Sam 17,45–47 (nach *v. Rad*, a.a.O. 48): „Du bist zu mir gekommen mit Schwert, Speer und Spieß; ich aber bin zu dir gekommen im Namen Jahwes, des Gottes der Schlachtenreihen Israels, die du verhöhnt hast. Heute wird dich Jahwe in meine Hand geben; ich werde dich erschlagen und dir den Kopf abhauen, auf daß alle Welt erkenne, daß Israel einen Gott hat. Und dies ganze Aufgebot wird erkennen, daß Jahwe nicht durch Schwert und Speer Sieg schafft, sondern der Kampf ist bei Jahwe; er wird euch in unsere Hand geben." v. Rad fährt fort: „Hier drängt sich noch einmal fast die ganze Ideologie des heiligen Kriegs zusammen. Aber wie tiefgreifend hat sich doch alles gewandelt! Jetzt sind heiliger Krieg und der Gebrauch von Waffen Gegensätze, die sich überhaupt ausschließen, – eine Auffassung, die die Scharen unter Barak und Debora gewiß nicht begriffen hätten. Daß Goliath nun aber doch nicht unmittelbar durch ein Wunder von Jahwe besiegt ist, daß es dazu noch einer Schleuder bedarf, das ist eigentlich eine gewisse Inkonsequenz, zu der den Erzähler seine Aufklärung nötigt."

[25] A.a.O. 57f. In der Spätzeit von Zacharias findet sich derselbe Gedanke von der „Autarkie Jahwes gegenüber aller menschlichen Betriebsamkeit", allerdings in stark spiritualisierter Weise (a.a.O. 67). Eine besondere Form der Vergeistigung der Idee vom heiligen Krieg und des Gedankens vom Krieg als absoluten Wunders findet sich in der Erzählung von dem Krieg Josaphats gegen die Ostvölker (2 Chr 20, 1–30) (*v. Rad*, a. a. O. 80f.), also aus der Sicht etwa der Wende vom 4. zum 3. Jahrhundert v. Chr.

fangene Miteinander von Gottes und Israels Handeln findet sich hier nicht mehr. Erst in der Makkabäerzeit wird der Krieg Sache der menschlichen (jüdischen!) Kriegskunst. So ist es wenigstens in der Vorstellung von 1 Makk[26].

von Rad kommt zum Schluß, es sei „so gut wie sicher, daß der Glaubensgedanke, das heißt jenes getroste Vertrauen in das Handeln Jahwes seinen eigentlichen Ursprung im heiligen Krieg hatte, und daß er von da her seine eigentümlich dynamische Prägung erhielt". Denn wo sollte das alte Israel das machtvolle Handeln Jahwes sonst erfahren? Nicht in der individuellen Beziehung zu Jahwe, sondern im Kultus; und hier waren es nicht die Feste, sondern der Kultus, der mit den geschichtlichen Ereignissen verbunden war. Diese aber waren die Kriege, die Israel führte[27].

Gerade angesichts des Ursprungs dieser Glaubenserfahrung fragt man sich, als was Israel diese Kraft, die in das Kampfesgeschehen hineinfuhr, verstand. Naheliegend ist für uns der Gedanke an den psychologischen Kraftzuwachs angesichts der Feinde, im Kampfesrausch und im Anwachsen der Leidenschaften. Die religiöse Deutung dieses Vorgangs wäre dann, daß göttliche Kraft in die Krieger einströmte, eine Kraft, die – so unpersönlich wie sie war – nur unpersönlich vermittelt werden konnte, durch Praktiken, Riten, Beschwörungen; eine Kraft, die dann einströmt, wenn diese und jene Bedingungen gesetzt sind, ganz gleich, wie die persönliche Einstellung des Bedürftigen ist, und ohne Möglichkeit, die Gottheit als frei gebende oder verweigernde zu erfahren. Für uns ist, wie gesagt, diese Erklärung naheliegend, und wir sollten dies nicht übersehen. Es könnte ja so sein, daß machtvolles Handeln Gottes für uns überhaupt nur vorstellbar ist als religionsgeschichtlich gesehen primitive Kontaktnahme mit dem Göttlichen, die wir Magie nennen; eine Vorstellung, die sehr bald mit dem Reiferwerden der Menschen verschwindet. Für Gerhard von Rad sieht die Sache anders aus. „Allerlei magische Residuen wird niemand leugnen, aber sie sind merkwürdig paralysiert von einem Faktor, der weit mehr dominiert, nämlich von der Freiheit und Unberechenbarkeit Jahwes, den keine magische Kräftekette bindet. Der Jahweglaube hatte, nach allem, was wir wissen, auch in seiner archaischen Form, eine so starke Willenskomponente, daß er sich bei aller kollektiv-gebundenen Alter-

---

26 A.a.O. 83f.   27 A.a.O. 31.

tümlichkeit zu jenem magischen Denken sehr spröde, wo nicht gerade polemisch verhält. Nein, nicht Kräfte sinds, die entscheiden, sondern... die ‚Heilserweisungen' Jahwes, wie es das Deboralied selbst formuliert (Ri 5,11)."[28]

Damit sind wir aber bei dem, was Israel als *„Gerechtigkeit"* verstand[29]. „Es gibt im Alten Testament keinen Begriff von so zentraler Bedeutung schlechthin für alle Lebensbeziehungen des Menschen... Er ist der Maßstab nicht nur für das Verhältnis des Menschen zu Gott, sondern auch für das Verhältnis der Menschen untereinander bis hin zu der belanglosesten Streiterei, ja auch für das Verhältnis des Menschen zu den Tieren und zu seiner naturhaften Umwelt." (Gerechtigkeit) „kann man ohne weiteres als den höchsten Lebenswert bezeichnen, als das, worauf alles Leben, wenn es in Ordnung ist, ruht"[30]. „Gerechtigkeit" ist, ganz anders als unser Begriff Gerechtigkeit, das rechte Verhältnis zu Gott und zur Umwelt, wobei die „Richtigkeit" dieses Verhältnisses nicht an einer abstrakten Norm gemessen wird, sondern an der jeweiligen Bewährung in diesem Gemeinschaftsverhältnis selbst[31]. „Gerechtigkeit" ist im alttestamentlichen (und dann im paulinischen) Verständnis nicht „Rechtschaffenheit", also jenes Verhalten des Menschen, das (im Blick auf feststehende Normen) das „Rechte schafft", sondern – und das kommt wesentlich zu dem biblischen Begriff der Gerechtigkeit hinzu – ist *Gabe* Gottes als Rechtsspruch[32]. Damit hängt zusammen, daß „Gerechtigkeit" im biblischen Verständnis immer *Heils*gabe Gottes meint, nie „strafende Gerechtigkeit" sein kann[33]. In der „Gerechtigkeit" gibt Gott das Lebensgut schlechthin, das vor allem, so würden wir es heute verstehen, in der Kommunikationsfähigkeit zwischen Mensch und Gott und zwischen Mensch und Mensch besteht.

Vom Menschen her gesehen ist „Gerechtigkeit" empfangene Heils-

---

[28] A. a. O. 30f. *v. Rad* setzt sich hier von *J. Pedersen* (Israel, its life and its culture II, 1–32) ab, der Israels Erfahrung des Waltens Jahwes als „einen großen magischen Kräftezusammenhang" darstellt, den Israel erlebte.

[29] Die „Heilserweisungen" Jahwes in Ri 5,11, von denen eben die Rede war, sind die „Gerechtigkeiten" Jahwes, die ṣidqọt Jahwes.

[30] *v. Rad,* Theologie I, 368.

[31] A.a.O. 368f., wo *v. Rad* auf *H. Cremer* verweist, der schon um die Jahrhundertwende den tiefgehenden Unterschied zwischen dem biblischen und dem abendländischen Begriff der Gerechtigkeit aufgedeckt hat.

[32] *Bultmann,* Theologie 273f. (§ 28.2).

[33] *v. Rad,* Theologie I, 374f.; *Horst,* Gerechtigkeit Gottes 1404 (mit Cazelles).

gabe, aber eine – und das wird für unsere weiteren Überlegungen sehr wichtig werden –, die den Menschen instand setzt, *das Gute zu tun.* Das Gute muß getan werden; das wird auch für Paulus selbstverständlich bleiben. Die Forderung des Gesetzes ist die Forderung Gottes, das Gute zu tun[34]. Dieser Grundsatz wird dann auch bei Paulus nicht bezweifelt werden; die Frage wird dann nur sein, *wie* das Gute, das das Gesetz verlangt, getan werden kann. Bei der Erörterung des Königtums Jahwes wird uns das Problem, vor allem des späten Israel, noch einmal begegnen, wie der Mensch sich verhalten und was er tun müsse, damit er die „Gerechtigkeit" erlangt.

Zuvor ist noch ein Blick auf eine theologische Erscheinung in Israel zu werfen, die in mancher Hinsicht uns modern erscheint: die *Weisheit*[35]. Für Israel war Weisheit eine Weise der Weltzuwendung und der Welterfahrung, aber einer Welterfahrung *als* einer neuen Weise, Jahwe zu erfahren. Das gilt für die sogenannte ältere Weisheit, also die aufgeklärte Erfahrungsweisheit der salomonischen und der nachsalomonischen Zeit, wie für die jüngere Weisheit, die in großer theologischer Deutung Welt und Geschichte zu begreifen suchte. In der salomonischen und nachsalomonischen Aufklärung wird Gottes Wirken nicht mehr so sehr in den heiligen Kriegen gesehen, nicht mehr als Gottes Eingreifen, das eine Situation durch ein äußeres Wunder verändert. Jetzt wird das Walten Gottes erfahren, das die Fäden der irdischen Ereignisse auf seine Weise zusammenknüpft, die Geschicke der Menschen oft gegen deren Planen und über es hinaus lenkt und auf *diese* Weise alles in seiner Hand und in seinem Wirken behält. So erfährt Jahwes Wirken eine Universalisierung, freilich eine, die so sehr das Walten Gottes in *allem* Geschehen sieht, daß die spätere Skepsis vorbereitet wird: Gottes Wirken entschwindet; es kann nicht mehr verstanden oder gar ergründet werden.

Für Israel gab es nicht „Welt" oder „Kosmos" im griechischen oder späteren abendländischen Sinn. Es erfuhr nicht die Gesetze der Welt und ihre immanente Ordnung. Für Israel war Welt eine „Domäne des Waltens Jahwes"; Welt war „ein tragendes Handeln Jahwes"[36]. So waren die schlichten Alltagserfahrungen, die einen großen Teil der

---

[34] *Schlatter*, Glaube 330; *Bultmann*, Theologie 263 (§ 27.2); *Schlier*, Galater 179f.; *Kertelge*, Rechtfertigung 202.

[35] *v. Rad*, Theologie I, 415–451.

[36] A.a.O. 425.

Erfahrungsweisheit Israels ausmachen, eine gläubige Interpretation der Welt, die als von Gott geordnete erlebt wurde, auch dort, wo von Gott nicht ausdrücklich die Rede war. Die Welt war im Grunde eine geordnete, und Israel wußte sich tief eingebunden in diese Welt, wußte sich ihr in ganz anderer Weise nahe, von ihrer guten oder strafenden Auswirkung viel unmittelbarer betroffen, als es der moderne Mensch erfährt. Die im Vergleich dazu große Fremdheit der Welt für den neuzeitlichen Menschen wird uns noch beschäftigen müssen. In dieser Zeit der für Israel neuen Welt- und Gotteserfahrung entstand zum Beispiel die Josephsgeschichte. Ihr Hauptthema war: „die Hand Gottes, die alle Wirrnis menschlicher Schuld zu einem gnädigen Ende führen will“[37]. An ihr wird deutlich, wie einerseits eine intensive Weltlichkeit der Sicht die äußeren und inneren Vorgänge schildert, so daß Gottes Wirken in ihnen fast keinen Platz findet; und daß auf der anderen Seite Gott so sehr in allem Geschehen, vor allem in dem der Herzen, ist, mit so unumschränkter Oberhoheit, daß „umgekehrt das Handeln des Menschen fast zur Belanglosigkeit herabgedrückt“ wird[38].

Die jüngere Weisheit wird erst nach dem Exil voll sichtbar. In ihr entsteht eine umfassende theologische Deutung von Welt und Geschichte. Hier handelt Gott in der personifizierten Weisheit oder in der Tora. Die Weisheit kommt zu den Völkern, wird von ihnen abgewiesen und schafft sich eine Ruhestätte in Israel. Trotzdem erhält die Völkerwelt einen Anteil an ihr, „soviel er ihr gab“ (Sir 1,10), so daß es heißen kann: „Durch mich regieren Könige, und Machthaber bestimmen das Recht...“ (Spr 8,15)[39].

In der Skepsis schlägt die universale Gegenwart Jahwes um in Unerkennbarkeit. In der ausgehenden Königszeit, also schon lange vor der neuerlichen großen Deutung der Welt als des Bereiches des Handelns Jahwes, wie es die jüngere Weisheit sah, fragte Israel: Wirkt Jahwe überhaupt?[40] Israel zweifelt an der Bereitschaft Jahwes, in die Geschichte noch einzugreifen oder sich mit dem Leben des einzelnen zu befassen; es zweifelt an Jahwes Führung, alles erscheint ihm rätsel-

---

[37] *v. Rad,* Josephsgeschichte 19. v. Rad spricht von einem „in religionsphänomenologischer Hinsicht so rätselhaften Mut zum Weltlichen“, der von daher zu erklären sein wird, daß Israel „den Kultus sozusagen im Rücken“ hat (Theologie II, 356).

[38] A.a.O. 21.

[39] *v. Rad,* Theologie I, 443.

[40] A.a.O. 389f., 495f., 451f.

haft. Israel droht in diesem Zweifel zu versinken; es findet keinen Boden mehr unter den Füßen. Theologische Erfahrungen einer solchen Abwesenheit Gottes sind die Bücher Ijob und Prediger.

Wir müssen noch von einer Weise sprechen, wie Israel das Walten Jahwes erfuhr: als das eines *Königs.* Wenn wir die Linien vereinfachen, können wir folgendes sagen: Im alten Israel, auch schon vor der Königszeit, wird Jahwe als der erfahren, der König *ist.* Im späteren Israel taucht die eschatologische und apokalyptische Erwartung auf, daß Jahwe König *wird.* Er *ist* König über alle Welt, über Himmel und Erde, weil er Schöpfer ist. Er ist es so sehr, daß ein menschliches Königtum in Israel unmöglich erscheint. Diese Königsherrschaft Jahwes über die Welt gibt den Menschen die Freiheit von Angst, denn die Tiefen und Höhen der Welt (Pss 95; 93; 96) wie auch „die Völker" (Ps 47) sind in seiner Hand. Durch seine Überlegenheit, auch über die anderen Götter (Pss 96; 97), und durch seine Zugewandtheit („unser König") gibt er Angstlosigkeit. Er behütet das Leben, gibt Licht und Freude (Ps 97), Recht und Ordnung, die Satzung und schließlich Verzeihung (Ps 99).

Wenn Israel später erfährt, daß Jahwe in der Zukunft König *werden* muß, dann ist es ein Königtum, das jetzt verborgen ist und einmal offenbar werden wird. In der Endzeit wird Jahwe sein Königtum antreten und auch „die Völker" seinem Königtum unterstellen. Hier zeigen sich verschiedene Einstellungen Israels gegenüber der kommenden Königsherrschaft Jahwes. Im Spätjudentum gibt es jene, die in Gebet und Frömmigkeit das Reich erwarten; sie flehen es herbei, im Wissen darum, daß „die Unschuld der Hände versagt". In dieser Gruppe findet sich die Hochschätzung der Armut, die geradezu einen „Rechtsanspruch", eine Anwartschaft auf den göttlichen Schutz darstellte. Die Wehrlosen und Hilflosen, die sich von den Gewalttätigen scharf absetzten, waren sich der Erhörung durch Jahwe sicher. Diese Einschätzung der Armut geht weit in die Geschichte des Jahweglaubens zurück[41]. Verwandt mit dieser Einstellung ist die Haltung des Rabbinismus, bei der es darum ging, „das Joch der Gottesherrschaft auf sich zu nehmen"[42], das heißt, die Ordnungen Gottes beachten

---

[41] A. a. O. 398f.; zum Begriff des „Armen" im Spätjudentum vgl. auch *E. Percy,* Die Botschaft Jesu (1953); *Bornkamm,* Jesus 68–74.

[42] *Schnackenburg,* Basileia 26; *ders.,* Gottes Herrschaft 32–38, bes. 34; *Galling,* Reich Gottes 913.

und das Sch^e^ma täglich rezitieren. Die pharisäische Gruppe, die von diesem täglichen Tun das Kommen des Reiches Gottes erwartete, wußte sich mit den untätig hoffenden Armen darin einig, daß Jahwe allein das Reich herbeiführen konnte. Immerhin war bei dieser zweiten Gruppe die Überzeugung lebendig, daß der Mensch eine entscheidende Bedingung setzen mußte, damit die Gottesherrschaft voll verwirklicht werde.

Noch deutlicher setzt sich die dritte Gruppe von einem tatenlosen Erwarten des Reiches ab: die Zeloten. Auch sie waren überzeugt, daß Jahwe der Herr ist, der das Reich aufrichten muß. Ja, gerade weil sie dieser Meinung waren und es für sie feststand, daß Jahwe der *einzige* Herr ist, fühlten sie sich – in einem seltsamen Ineinander von Anerkennung der alleinigen Macht Jahwes und einem wilden Anspruch auf eigene Macht – ausgestattet mit großer religiöser Energie und befugt, die Gottesherrschaft „herbeizudrängen“[43]. So verweigerten sie jeder anderen menschlichen „Herrschaft“ die Anerkennung, suchten die Armen und Ausgebeuteten von den Bedrückern zu befreien, und sei es durch Mord an den Großgrundbesitzern. Durch all das meinten sie, Jahwe nötigen zu können, endlich doch seine Herrschaft sichtbar aufzurichten. So sieht Schlatter [44] den Glauben des Judentums in dieser Zeit vor allem dadurch gekennzeichnet, wie sehr und auf welche Weise die Menschen das Reich Gottes und seine Güter von Gott erwarteten: ganz und gar von ihm oder doch mehr vom menschlichen Verhalten vor Jahwe. „Der Pharisäer erhielt zwar die Erwartung des Himmelreichs von Geschlecht zu Geschlecht aufrecht, betete auch, wie die Liturgie zeigt, täglich um dasselbe, tat aber nicht mehr; denn die Aufrichtung des Reichs ist Gottes Sache. Er gab es Gott anheim, dasselbe zu schaffen durch eine alles verändernde Wundertat, und fügte sich inzwischen mit Ergebung unter den Druck der heidnischen Welt. Der Eiferer verwarf dagegen das tatlose Glauben als eine sich selbst zerstörende Inkonsequenz, verweigerte jedem Herrn außer Gott die Huldigung und erwartete Gottes Hilfe für den, der mit der Tat beweise, daß er keinen Herrn ehre als Gott und kein Gut höher schätze als sein Reich.“[45] Bei unseren späteren Überlegun-

---

[43] So übersetzt *Hengel* (Revolutionär? 17 u. 35 Anm. 58) den in der betreffenden Literatur auftauchenden Begriff; vgl. *Hengel,* Zeloten 129–132.
[44] *Schlatter,* Glaube 30–50. [45] A.a.O. 35f.

gen wird noch deutlicher werden, wie „modern“ manches an diesen Grundsätzen klingt. Es ist eine „Theologie (um nicht zu sagen: Philosophie) der Tat“; mit der Tat muß der Glaube an die Oberhoheit Gottes „bewiesen“ werden, denn „tatloses Glauben“ ist eine sich selbst zerstörende „Inkonsequenz“. Das, was Glaube bringen soll, muß also geschaffen werden, wenn Glaube echt und lebendig sein soll; das Schaffen des Geglaubten und Erhofften gehört innerlich zum Glauben dazu.

Schon dieser kurze Gang durch die Theologie Israels zeigt überaus deutlich, daß Israel seinen Gott Jahwe *handelnd* erfahren hat, mächtig und entscheidend handelnd. Er führt Kriege, rettet vor Feinden und führt heraus aus Knechtschaft, führt hinein in das Land seiner Verheißung und gibt es seinem Volk; er gibt ihm Gebote und damit die Lebensordnung, gibt ihm die Gerechtigkeit als Gemeinschaftsfähigkeit mit ihm, Jahwe, und als Gemeinschaftsfähigkeit der Glieder des Volkes untereinander. Israel erfährt Jahwe als König, der Herrschaft ausübt und in neuer Weise ausüben wird, eine Herrschaft, die Leben möglich macht und die im Glauben angenommen wird. In der Spätzeit taucht der Gedanke auf, Jahwe könne zum Handeln genötigt werden; aber auch hier ist es das Handeln Jahwes, das ungeduldig herbeigeführt werden soll.

Israel lebt vom Handeln Jahwes und fühlt sich nicht von ihm bedrückt oder erdrückt. Im Gegenteil: Seine Lebenskraft schwindet, wenn das Tätigsein Jahwes unfaßbar wird. In dieser Auffassung gibt es keine eigentliche Entwicklung zu größerer Reife, die darin bestünde, daß Jahwes Handeln unwirklicher, indirekter, ferner, nur allgemein welterhaltend nach der Art des Deismus würde. Die *Weise* des lebendigen Einflusses Jahwes auf die Geschichte Israels wandelt sich; die *Intensität* und *Unmittelbarkeit* findet sich in Spätzeiten wie in Frühzeiten[46].

---

[46] Wir haben bisher recht unterschiedslos vom „Handeln“ und von der „Tat“, vom „Tätigsein“ Jahwes gesprochen. Damit folgen wir dem weitgehenden Ineinanderfließen von „handeln“ und „tun“ in der modernen Sprache. Im Althochdeutschen wurde „handeln“ zu „Hand“ gebildet: „mit Händen anfassen“, dann „tun“, „verrichten“, „handhaben“, „behandeln“ und „mißhandeln“. In dem heutigen weiteren Sprachgebrauch wird es zu „tätigsein“, im Gegensatz zu ruhen, Worte machen, denken; *Trübner* III s. v. – „Tat“, „Tun“ hat die ursprüngliche Bedeutung „setzen“, „legen“ (τίθημι). In der Hauptbedeutung unterscheidet sich es nur wenig von „machen“, wenn auch bei „tun“ mehr die Tätigkeit selbst, bei „machen“ mehr das Ergebnis der Tätigkeit im Blick steht;

## 2. *Neues Testament*

Wie in dem alttestamentlichen Teil sollen auch hier nur einige wenige, wenn auch wesentliche, Linien ausgezogen werden. In den drei Hauptgruppen der Schriften des Neuen Testaments: Synoptiker, Paulus und Johannes, soll herausgestellt werden, welcher Art die Tätigkeit Gottes gegenüber Welt und Geschichte ist und wie von diesem Zeugnis des Neuen Testaments die Aktivität der Menschen gesehen wird. Auch hier wollen wir uns der Botschaft überlassen, wie sie von den Exegeten sorgfältig ausgelegt wurde, und wollen – wie diese es tun müssen – unsere systematischen Fragen von heute und so manchen Protest unseres ganz anderen Empfindens zunächst zurückstellen.

### a) Synoptiker

In den synoptischen Schriften soll uns nur ein Gedanke interessieren, der aber in der Mitte der Verkündigung Jesu und der Urgemeinde stand: *die Aufrichtung des Reiches Gottes.* Dabei werden uns die zwei Sichtweisen leiten, die uns in unserer ganzen Untersuchung beschäftigen: was aus der Aufrichtung des Reiches für Gottes Aktivität und was für des Menschen Aktivität sich ergibt. Vielleicht gelingt es, für „beide Aktivitäten" schon ein grundlegendes und, im Unterschied zum Alten Testament, nicht mehr zu überbietendes Verständnis zu gewinnen. Am Schluß dieses Teils soll etwas gesagt werden über eine Konsequenz aus der Aufrichtung des Reiches Gottes: die Beendigung der Zeit durch sie.

---

*Trübner* VII s. v. – Sowohl der Unterschied der Bedeutungen wie ihr Ineinanderfließen geben zu denken. Daß „Tat" im Ursprung etwas anderes ist und auch heute noch etwas anderes bedeuten kann als „Handeln" (oder auch „Machen"), wird uns später wiederholt beschäftigen, vor allem beim Verständnis des paulinischen Glaubens als „Tat". Es hat aber auch seinen Sinn, wenn wir eher vom „Handeln Jahwes" und von der „Tat Gottes in Jesus Christus" sprechen: Erst im Neuen Bund hat Gott „etwas" getan, dessen Ergebnis er selbst ist: Tat als etwas, das Vollzug und Wirklichkeit des Tuenden selbst ist. Daß im heutigen Wortgebrauch die Bedeutungen von „Handeln" und „Tätigsein" fast deckungsgleich geworden sind, weist darauf hin, daß der grundlegende Unterschied verblaßt ist. Beide Begriffe rücken so sehr zusammen, weil sie für unser Empfinden einen gemeinsamen Gegensatz haben: untätigsein, ruhen, träge, unlebendig, passiv sein. Daß all dies, also auch das Passiv-Sein, als Gegensatz zum Tätigsein, zur Aktivität, empfunden wird, hat große Bedeutung für die Möglichkeit oder Unmöglichkeit, den Wert von Entgegenehmen zu ermessen.

Der Begriff „Reich Gottes" steht in der Mitte der synoptischen Verkündigung. In ihm fließt – anders als bei Paulus und Johannes – alles zusammen und nimmt wieder von ihm seinen Ausgang. Jesus nahm den im Judentum überlieferten Begriff „Reich Gottes" und dessen lebendige Erwartung auf, und zwar in seiner eschatologischen Form, ohne auch nur eine der politischen Vorstellungen mit zu übernehmen. Die Bedeutung des „Reiches Gottes" in der Verkündigung Jesu wuchs dadurch (und der Begriff erhielt damit seine erste Veränderung), daß jetzt nicht nur alles, was Israel vom „kommenden Äon" erwartete, „Reich Gottes" wurde, sondern auch die ganze Botschaft und das ganze Werk Jesu von dieser Wirklichkeit „Reich Gottes" umfaßt und in dieser Wirklichkeit enthalten waren[47]. Mit Schnackenburg bezeichnen wir die biblische Wirklichkeit, um die es geht, mit „Gottes Herrschaft und Reich". Nicht das Territorium steht bei diesem Begriff im Vordergrund, sondern die Ausübung der Herrschaft durch Gott. Das gilt auch für den alttestamentlichen Begriff der „Basileia", wie die griechische Gestalt des Alten und Neuen Testamentes die Gottesherrschaft nennt. Daß es eine *Königs*herrschaft war, war für das Alte Testament wesentlich, tritt aber im Neuen Testament ganz zurück[48]. Darin deutet sich ein Wandel der „Herrschaft und des Reiches Gottes" an, eben jener Wandel, der mit dem Kommen des Sohnes Gottes in der Fülle der Zeiten gegeben war. Gott herrscht nach der synoptischen Botschaft nicht mehr so sehr als König. Heißt das, daß für die Verkündigung Jesu und der Urgemeinde überhaupt das „Herrschen Gottes" zurücktritt, etwa überwunden wird durch seinen Dienst, seine Hingabe, seine Liebe bis in den Tod? Das ergibt sich nicht aus der neutestamentlichen Verkündigung, offenbar, weil zwischen Dienst, Hingabe, Liebe Gottes in Jesus und seinem Herrschen kein Gegensatz besteht. Bevor wir genauer verstehen können, was es heißt, daß Gott herrschen will und soll, muß nach dieser ersten Frage, *was denn „Reich Gottes" sei,* weiter gefragt werden, *wie Gottes Herrschaft und Reich komme beziehungsweise aufgerichtet werde,* um dann eine bessere Antwort zu finden auf die Frage, *von welcher Art die Herrschaft Gottes sei.*

[47] *Schmidt,* βασιλεία 584; *Schnackenburg,* Gottes Herrschaft 62; *ders.,* Basileia 27.
[48] *Kümmel,* Theologie 31.

*Wie kommt Gottes Herrschaft und Reich?* Jesus und die Urgemeinde haben selbst die Frage gestellt und sie beantwortet. In den „Wachstumsgleichnissen" wird ausdrücklich und sehr eindringlich gelehrt, daß Gottes Herrschaft und Reich, die Basileia, *von selbst* (Mk 4,28) *kommt*[49]. Im 19. Jahrhundert wurde dieses „Wachsen des Reiches Gottes" gern mit der Idee des naturhaften allmählichen Prozesses des Größerwerdens verbunden[50]. Es war dies eine Auslegung, die mit Hilfe des Natur- und Werdebegriffs des 19. Jahrhunderts das Kommen des Reiches Gottes auf „natürlichere" Weise verständlich zu machen suchte; das unverständliche Geschehen dieser Ankunft sollte erklärlicher werden. Freilich ist der geheimnisvolle Vorgang des naturhaften Wachsens dafür gerade nicht geeignet. Unter der Hand wurde die „von selbst wachsende Saat" zur „Selbsttätigkeit" des Menschen; damit war der Bereich des Verständlichen, weil Nachzuvollziehenden, erreicht. In unserem Jahrhundert bleibt der Anstoß, daß das Reich Gottes „von selbst" kommen soll; der Umweg über die Fehlinterpretation des naturhaft-allmählichen Wachsens als Pointe des Gleichnisses ist durch die exegetische Arbeit seitdem versperrt. So bleibt nur übrig, diese Gleichnisse zu übergehen, wenn man die Anstößigkeit dieses Gedankens und die (scheinbare) Depotenzierung der menschlichen Aktivität vermeiden will. Das ist es, was wir heute außerhalb der Exegese in dem theologischen Reden über das Reich Gottes immer wieder vorfinden. Es ist aber im Neuen Testament eindeutig gesagt, daß die Gottesherrschaft in wunderbarer Weise von selbst kommt.

---

[49] Das Selbstwachsen der Saat, das Kommen der Gottesherrschaft ist „ein von allem menschlichen Tun unabhängiges Wunder ... So wunderbar wie das Wachsen und Reifen der Saat, das sich ohne der Menschen Zutun und Verstehen vollzieht" (*Bultmann*, Theologie 7 [§ 1.2]) (zu Mk 4,26–29).

[50] *Bornkamm*, Jesus 183 Anm. 17: „Der Sinn des Gottesreiches in Jesu Botschaft wurde verhängnisvoll mißverstanden von der Theologie des 19. Jahrhunderts, die in Abhängigkeit von Kants Lehre vom höchsten Gut und zugleich im Einklang mit dem Fortschrittsglauben ihrer Zeit das Reich Gottes als höchstes sittliches Ideal bezeichnete, dessen Verwirklichung Aufgabe des Menschen sei." So etwa *A. Ritschl* (Unterricht in der christlichen Religion [$^2$1881] § 5) unter ausdrücklichem Hinweis auf die Gleichnisreden Mk 4. Sie „deuten unter der Frucht immer ein Product der Menschen an, welches aus deren Selbstthätigkeit (!) hervorgeht, die durch die göttliche Saat, d.h. den Antrieb des göttlichen Offenbarungswortes hervorgerufen wird". *Berdesinski*, Praxis 81–83, Anm. 5, 6, 9, 10 mit den Literaturverweisen. – Zu der Interpretation, daß das Reich Gottes von selbst kommt, vgl. außerdem *Schmidt*, βασιλεία 582f., 588f.; *Schnackenburg*, Basileia 28; *Bultmann*, Theologie 6f. (§ 1.2); *Conzelmann*, Reich Gottes 915; *Schweizer*, Markus 25.

Auch in den Gleichnissen vom Senfkorn und vom Sauerteig[51] ist das wunderbare Geschehen im Blickpunkt (nicht das allmähliche Wachsen), freilich hier nicht so sehr das „von selbst“, als das unerklärliche Wunder des großen Ergebnisses gegenüber dem kleinen Anfang[52].

Auch die *Plötzlichkeit* gehört zum Wie des Kommens der Gottesherrschaft. Diese ist nicht ein Ergebnis menschlichen Bemühens, weder in der jüdischen Form des Herbeiführens durch das Halten der Gebote oder das Herbeidrängen durch den kämpferischen Beweis des Glaubens[53] noch gar in dem modernen „Bauen“ des Reiches Gottes als einer bewohnbaren Erde. Sie ist so wenig Ergebnis der menschlichen Bemühung, daß sie plötzlich, unangekündigt, wie ein Dieb in der Nacht (Mt 24,43 par), hereinbricht. Da wird auch das Letzte der Verfügung des Menschen entzogen. Nicht einmal die Vorberechnung des Kommens, die zur Zeit Jesu so sehr im Schwange war und einen letzten Rest von Kontrolle über das Kommen des Reiches dem Menschen sichern sollte, wird ihm gelassen. Jesus verneint entschieden, daß die Ankunft der Herrschaft Gottes auch nur von ferne berechnet werden könnte. Sie ist ganz der Verfügung und, wie es scheint, jeder Tätigkeit des Menschen entzogen.

Die Exegeten sind sich seit Johannes Weiß[54] darüber einig, daß nach dem Neuen Testament *Gott allein das Reich und die Herrschaft aufrichtet*[55]. Von den Menschen kann das Kommen des Reiches nicht bewirkt oder beschleunigt werden; ihre einzige Einflußnahme geht über das Gebet[56]. Auch dort, wo Gott in seinem Wirken nicht genannt ist, ist er mitverstanden: in dem Wachsen der Saat, das „von selbst“ geschieht; in dem unvergleichlichen Abstand von kleinem Anfang und herrlich großem Ende; in der Plötzlichkeit des Einbruchs dieses Reiches, der gegenüber die Menschen machtlos sind. Es ist bekannt, daß der Name Gottes als des Wirkenden oft aus Scheu nicht genannt, aber immer wie selbstverständlich mitverstanden wurde. So ist all dieses Reden vom Kommen des Reiches ohne das Zutun der Menschen als

---

[51] Mk 4,30ff.; 13,31f.

[52] Vgl. *Bultmann*, Theologie 7 (§ 1.2); *Bornkamm*, Jesus 65f.; *Berdesinski*, Praxis 82.

[53] Siehe o. 27f.

[54] *Joh. Weiß*, Die Predigt vom Reiche Gottes (1892).

[55] Siehe o. die in Anm. 50 angeführten Theologen.

[56] *Schnackenburg*, Basileia 28; *Conzelmann*, Jesus 642; *Berdesinski*, Praxis 81, der *Conzelmann* (Theologie 129) zitiert, der das Gebet als „Bekenntnis zu Gott als dem alleinigen Täter“ versteht.

die Aussage zu verstehen, daß Gott allein dieses Wunder wirken wird[57].

Zu dem „Wie" des Kommens des Reiches ist ein Umstand entscheidend: *Gott richtet es in Jesus auf*[58]. Wir können nicht auf die exegetischen Diskussionen über die theologische Eigenart der Person Jesu eingehen und brauchen es auch hier nicht zu tun. Aber daß Gott in Jesus sein Reich aufzurichten begann – damals in seinem Wirken, und daß er es nicht nur verhieß, wie die Propheten vor und nach ihm, ist, soweit ich sehe, die einhellige Meinung der Exegeten. Selbst Bultmann, für den Jesus nicht der endzeitliche Heilbringer ist[59], findet, daß mit Jesu Auftreten, Verkündigung und Wirken das Reich Gottes anbricht[60]. Jesus richtet das Reich ganz und gar in der „Macht"[61] Gottes auf. Das ist auch für die Synoptiker deutlich. Bei Johannes wird dies nur ausdrücklich gemacht im großen, monotonen und letzte Dimensionen öffnenden Leitthema des Herkommens vom Vater und des Hinbezogenseins auf ihn. Bei den Synoptikern ist dies verhüllt, aber fast noch überzeugender gesagt. Jesus ist der, der selbst von Gott empfängt. Schon das „Amen", mit dem er seine Worte *einleitet,* obwohl es ein *Bestätigungs*wort ist, weist darauf hin, daß er eine Botschaft bestätigt, die er zuvor vernommen haben muß[62]. Jesus ist der, der sich Gott untertan, gehorsam und sich *so* mächtig weiß[63], die Herrschaft

---

[57] Den einzigen Zweifel an diesem Sachverhalt bei den Synoptikern könnte der sogenannte „Stürmerspruch" Mt 11,12 wecken. *Bornkamm* (Jesus 46) übersetzt folgendermaßen: „Gewalttätige *versuchen,* das Reich Gottes an sich zu reißen." So ist nach ihm der Text „eine ausdrückliche, scharfe Absage an die messianisch-politische Bewegung der Zeloten" (60); vgl. 184 Anm. 4 mit dem Hinweis auf *J. Weiß, J. Wellhausen, H. Windisch, O. Cullmann,* die den Text ebenso auslegen. Auch *Conzelmann* (Theologie 130f.) gibt eine ähnliche Präferenz, meint aber schließlich, „der Sinn ist nicht aufzuhellen". Eine Übersicht der verschiedenen Auslegungen des Textes bei *Schrenk,* βιάζομαι 608ff.; vgl. auch *Schnackenburg,* Gottes Herrschaft 88ff.

[58] Es ist in der Person Jesu Christi gegenwärtige Wirklichkeit: *Schmidt,* βασιλεία 590f.; *Schnackenburg,* Basileia 27; *Schweizer,* Markus 24.

[59] *Bultmann,* Theologie 2 (Vorbemerkungen), 8 (§ 1.3) u.ö.; vgl. *ders.,* Christusbotschaft, vor allem 17.

[60] *Bultmann,* Theologie 6 (§ 1.2), 8 (§ 1.3).

[61] In der ἐξουσία, die er von Gott hat. Dieses Wort bezeichnet weder allein „Macht" oder „Kraft" noch allein „Vollmacht", sondern die Macht, die aus der unsichtbaren Macht Gottes kommt und eine ist, die ein wirksames Wort sprechen kann und sich in einer gefügten Ordnung vollzieht oder sie erst setzt (*Foerster,* ἐξουσία, 563).

[62] *Muschalek,* Glaubensgewißheit 61f., und die dort angeführten Exegeten.

[63] Dieses Untertansein ist für das Verständnis der eigentümlichen Würde Jesu als des Gottessohnes wesentlich; *Muschalek,* Gott in Jesus 152.

Gottes aufzurichten. „Wenn ich mit dem Finger Gottes die Dämonen austreibe, so ist ja die Gottesherrschaft zu euch gelangt" (Lk 11,20). Hier ist er der, in dem die endzeitliche Verheißung Jesajas verwirklicht ist, wie er selbst den Abgesandten von Johannes dem Täufer sagt: „Die Blinden sehen, die Lahmen gehen, die Aussätzigen werden rein, und die Tauben hören, die Toten stehen auf, und den Armen erklingt die Botschaft vom Heil, und selig ist, wer an mir keinen Anstoß nimmt" (Mt 11,5f.). Jesus weist selbst auf sein Auftreten hin, das das endzeitliche, wunderbare Wirken Gottes in ihm bezeugt. Nur so sind auch seine Wundertaten die Zeichen dafür, daß er etwas bringt, das dem Menschen nicht möglich ist, seinem Tun nicht offensteht, in seiner Hilflosigkeit von ihm nicht ergriffen werden kann. Jesus heilt Kranke, um inhaltlich *und* formal die Eigenart der Herrschaft Gottes zu zeigen. Inhaltlich, weil die Herrschaft Gottes der Krankheit, dem Verfall und dem Tod entschieden entgegengesetzt ist; es besteht eine tiefe Unverträglichkeit zwischen beidem. So fährt Jesus den Krankheitsdämon herrisch an, wie in einem „Kampfruf"[64].

Auch die Armut ist Entbehrung des Menschen und Lebensminderung, die aufgehoben werden sollen. So wird das Reich und die Herrschaft Gottes den Armen nicht nur verkündet, sondern es *begegnet* ihnen in den Seligpreisungen (Mt 5,1–12 par) als das Heil[65], weil es auch die Armut von der Wurzel her überwindet. Es ist eine Blickverengung relativ jungen Datums, Überwindung von Krankheit und Armut *nur* dort zu sehen, wo diese äußerlich abgeschafft werden. Aber sosehr zu der vollständigen Überwindung auch die Veränderung der äußeren Befindlichkeit und Erfahrung des Menschen gehört, so wenig ist das Eigentliche ihrer Überwindung in dem Wechsel der äußeren Befindlichkeit zu suchen. Das, was Krankheit und Armut so drückend macht, kann auch bei deren äußerer Beseitigung noch da sein, „von der Wurzel her"; und umgekehrt kann das Drückende, Erniedrigende, Lebenzerstörende von Krankheit und Armut aufgehoben, geheilt sein, eben „von der Wurzel her", wenn das, was man gemeinhin so nennt, äußerlich fortbesteht. Diese Überlegung, der heute aus einer eingeschränkten Sichtweise heraus heftig widersprochen werden wird, ist nötig, um die größeren Dimensionen wahrzunehmen, die die neutestamentliche Verkündigung sieht, und um in

---

64 *Schweizer,* Markus 28, zu Mk 1,25.

65 *Conzelmann,* Reich Gottes 915.

ihnen jene heilende Wirksamkeit Gottes bei der Aufrichtung seiner Herrschaft zu sehen, die sonst ohne Ort und Ergebnis erscheinen muß. Nach den synoptischen Evangelien aber richtet Gott *jetzt* in Jesus Christus seine heilende und rettende Herrschaft auf (wenn auch nur unvollendet, eben als Beginn und Anbruch) und erweist sich *jetzt* schon mächtig an den Kranken und Armen, mächtiger als die Sozialreformer[66]. Das Heil wird in die Tiefe gegeben, dort, wo Leid für das eigene und das fremde Leben entsteht, weil dort Gier nach Selbstgeltung und Besitz eigenes Leben unerträglich macht und fremdes zu stören oder zu zerstören sucht.

Die äußeren Verhältnisse werden von Jesus zeichenhaft verändert: Kranke werden geheilt und vom knechtenden Dämon befreit[67]. Das eigentliche Wunder ist aber das Bezeichnete: das Heil, das dem ganzen Menschen von seiner Tiefe (oder seiner Mitte) her gegeben wird. So verlagert sich die Frage nach dem Wunder von den Taten Jesu an Kranken und Besessenen hin zu der nach der Umwandlung des Menschen, von der dieser wahrhaft und endgültig leben kann. Das war auch die Frage des Neuen Testamentes, der Umgebung Jesu und der neutestamentlichen Zeugen: Ist Jesus der, der *das* Heil bringen kann? Die sogenannten Wunder sind demgegenüber keine so große Besonderheit; viele heilten damals wunderbar. So ist die heutige Theologie, die in ähnlicher Weise das Wunderbare als Aussage oder Problem im Wesen und Gesamtwerk Jesu sieht und weniger in den einzelnen Wundertaten, eigentlich zurückgekehrt zu der neutestamentlichen Blickrichtung.

Daß Gott allein das Reich im eigentlichen Sinn herbeiführen muß, war auch für Israel und das Judentum unbezweifelbar. Trotzdem wurde durch das Auftreten Jesu diese Wahrheit eindeutiger. Wenn so unerwartet, wie es das Auftreten, das Wort, die Handlung eines Menschen sind, das Reich und die Herrschaft Gottes kommt, dann bleibt

---

[66] Wie wenig diese im Gegensatz etwa zu der „Befreiung der Tiefe“ des Menschen durch Gott stehen, sondern im Gegenteil sein Werk nur im Äußeren der Weltverhältnisse wiederzugeben versuchen, erhellt schon daraus, daß in der vollen Gestalt des Heils, das die Herrschaft Gottes gewährt, auch das Leid der äußeren Verhältnisse getilgt sein wird.

[67] Immerhin ist es auffällig, daß Jesus in dem anderen großen Bereich, der der Herrschaft Gottes entgegensteht, im Bereich der Armut keine wunderbaren Zeichen setzt. Armut ist wohl anders als die Krankheit *Zeichen* der anbrechenden Gottesherrschaft und nicht nur, wie Leiden und Tod, der verhüllte Eingang in diese Gottesherrschaft. Das weist auf etwas hin, was uns immer mehr beschäftigen wird: Um das Heil der Gottesherrschaft haben zu können, muß der Mensch entgegennehmen können. Dafür kann Armut Zeichen und Weg sein.

kein Raum mehr für Pläne, Vorstellungen, Berechnungen, Anstrengungen. Das unerwartete Heranbringen des Reiches in der Person Jesu gab der menschlichen Aktivität eine andere Bedeutung: eine Aktivität, die – soviel können wir jetzt schon sagen – sich nicht der Rezeptivität entgegensetzt und neben sie stellt, sondern nur *in* ihr ihren Ort finden kann.

Zuletzt wollen wir zurückkehren zu der Frage des Anfangs und genauer fragen, *welche Art von Herrschaft jene Gottesherrschaft sei.* Wir hatten gesagt[68], daß die Basileia Gottes von der synoptischen Verkündigung Jesu und der Urkirche nicht mehr deutlich als *Königs*herrschaft ausgelegt wird. Wir gehen wohl nicht fehl, wenn wir hier eine unscheinbare, aber wichtige Bedeutungsverschiebung finden. Die Herrschaft eines Königs geht zwar über Menschen, aber über sie nur mittels der Herrschaft über „Sachen"( um eine moderne Unterscheidung aufzunehmen). Sachen und Sachverhältnisse sind der eigentliche Angriffspunkt menschlicher Herrschaft. Durch sie hindurch wird der Mensch vom Menschen abhängig. Eine unmittelbare Abhängigkeit des Beherrschten vom Herrscher steht der irdischen Macht nicht offen. Eine Abhängigkeit des einen vom anderen durch Gefühle, innere Willfährigkeit oder Hörigkeit ist Sache des Abhängigen selbst. Er kann in sie hineingeführt worden sein, aber eben durch äußere Verhältnisse im weitesten Sinne. Herrschaft ausüben kann der irdische Machthaber direkt über die verfügbare Welt und die verfügbaren Verhältnisse, und nur indirekt, durch diese hindurch, über die Menschen.

Auch im Alten Bund hatte die Herrschaft Jahwes im Verständnis Israels deutlich noch (neben anderen) diese Züge. Die ursprüngliche Gestalt der Herrschaft Jahwes über Israel bestand in der Erwählung und Sammlung dieses Volkes, in der Herausführung aus Ägypten, in den machtvollen Taten zu Gunsten dieses Volkes und in der Landgabe[69]. Auch wenn Jahwe sehr bald als der verstanden wurde, der – ganz anders als ein irdischer Machthaber – „das Herz lenkte"[70], so blieb doch seine Herrschaft deutlich geprägt von den „Sachgaben", die er mächtig war zu geben. Selbst das Gesetz war eine solche „Sachgabe", und erst für die Endzeit war ein Gesetz verheißen, das „in die Herzen gelegt werden" würde (Jer 31; Ez 11,19; 36,26).

---

[68] Siehe o. 31. [69] Siehe o. 17f.; 27f.
[70] Vgl. vor allem die Veränderung in der „salomonischen Aufklärung", s. o. 19f.

In der synoptischen Überlieferung ist es auffällig, wie unanschaulich die Herrschaft und das Reich Gottes wurde, was in der Mitte der Verkündigung stand. Apokalyptische Bilder waren nur sehr sparsam verwendete Stilmittel, übernommen aus der jüdischen Erwartung, um überhaupt von der vollendeten Aufrichtung der Gottesherrschaft reden zu können. Aber auch diese durchkreuzten sich in ihrer Gegensätzlichkeit und wurden wieder unanschaulich. Die Gottesherrschaft, auch die „vor aller Augen vollendete", ist eben unanschaulich. Das Leben in ihr wird ganz anders als das irdische sein (Mk 12,25 par). Was von ihm gesagt wird, ist, von der Sachebene her, so ungreifbar wie möglich. Man wird „in das Leben eingehen" (Mk 9,43.45.47 par), man wird es „erben" (Mt 25,34; Mk 10,17 par), man wird „eingehen in die Freude" (Mt 25,21.23), „teilhaben an der Herrlichkeit" (Mk 10,37) und am „Licht" (Lk 16,8). Es sind Redeweisen, die ebenso unanschaulich und unbegreiflich sind, wie sie in die Mitte menschlichen Verstehens hineinfahren und einem unaufhörlichen Suchen antworten.

Wenn man hinzunimmt, daß das unpersönliche Reden von der „Gottesherrschaft", der Basileia Gottes, von seinem Reich, das kommt, Umschreibungen sind, aus denen der damalige Jude sehr deutlich das handelnde Subjekt dieser Geschehnisse heraushörte, nämlich Gott, der seine Herrschaft „herbeiführt", also sie auszuüben beginnt, dann deutet die neue Redeweise von der Gottesherrschaft in ihrer Unanschaulichkeit hin auf die neue *Art* dieser Herrschaft: Sie wird ganz eindeutig in Gott selbst bestehen. Das, was Jesus von ihr sagt, und wie er es sagt, machen es deutlich, daß von nun an Gott selbst Inhalt und Wesen dieser Herrschaft ist. Damit ist gegeben, daß er seine Herrschaft nicht über die Sachgüter und über die Lebensverhältnisse ausübt, sondern unmittelbar über die Menschen selbst. Sachen und Verhältnisse können zwar Objekt des Handelns Gottes sein, nicht aber Empfänger seiner selbst. So sind wir von einer anderen Seite als oben in der Frage nach äußerer und innerer Aufhebung von Krankheit und Armut[71] an denselben Punkt gekommen: Gottes neue Herrschaft, die endgültige, ist nicht eine schwächere (weil sie etwa nicht mehr machtvoll aus menschlicher Sklaverei herausführt), sondern eine stärkere, weil sie nicht mehr nur in einem Handeln Gottes besteht, das Dinge und Verhältnisse ändert und nur indirekt Herrschaft über die Men-

---

[71] Siehe o. 35f.

schen ist, sondern sie ist so unmittelbar, daß sie aus Gott selbst besteht, und so wirksam, daß sie die Mitte des Menschen meint und von dort her das Elend von Armut, Krankheit und Tod aufzuheben beginnt.

Was damit gemeint ist, erhellt aus der Szene in Kafarnaum (Mk 1,21–28). Es ist eigentlich eine Erzählung vom machtvollen Lehren Jesu (das bei Markus Jesus reserviert bleibt; die Jünger „verkündigen"[72]). Das Staunen *darüber* wird am Anfang V. 22 („in Vollmacht, nicht wie die Schriftgelehrten") und am Ende V. 27 (wo das „staunende Außersichsein" auf die „neue Lehre in Vollmacht" geht) ausgedrückt; im Gefolge der neuen Lehre wird dann der wirksame Befehl über die unreinen Geister gepriesen. *Was* Jesus lehrt, wird nicht gesagt. Statt dessen erscheint in der Mitte der Erzählung die machtvolle, geradezu herrische (V. 25) Vertreibung des knechtenden, krankmachenden Geistes. Nicht das, was Jesus über die Menschen und die Welt lehrt, unterscheidet ihn von anderen, sondern die Vollmacht, mit der er lehrt: „Menschen werden in Bewegung gesetzt, Kranke werden geheilt".[73] *Was* geschehen soll in dieser Welt, können die Menschen wissen und wissen es oft, damals und heute, und sei es heute mit den hochkomplizierten Überlegungen der Wissenschaft, etwa der Medizin, Psychologie, Soziologie, Naturwissenschaft und Technik; *daß* es aber geschieht, dazu braucht es die Vollmacht Christi[74]. Jesu „Lehren" ist machtvolles Handeln, die Macht der neuen Herrschaft Gottes, also ganz anders als das menschliche Lehren und Handeln. Gott hat begonnen, sich mächtig zu erweisen, nicht in einer neuen faßbaren Lehre und nicht im Verändern der Verhältnisse (die Heilung ist eben nur Zeichen), überhaupt nicht *in* Erweisen der Macht, die neben ihm und neben der Mitte des Menschen Gestalt finden, sondern *im* Erweisen der Macht, die ihn unmittelbar mit dem Menschen verbindet. Daß die neue Gottesherrschaft in einer neuartigen *Gemeinschaft* von Gott und Mensch besteht, wird deutlich in den vielen Mahlgleichnissen, in denen Gott der Gastgeber, der Tischgefährte oder auch der Bedienende sein wird[75].

---

[72] *Schweizer*, Markus 27. [73] *Schweizer*, ebd.

[74] Ich habe dies in „An Jesus Christus glauben" (München 1971) etwas weiter ausgeführt.

[75] „Namentlich die Bilder vom Mahl wollen ja nicht Tafel- und Paradiesesfreuden schildern, sondern die selige und vollkommene Gemeinschaft mit Gott und der Heilsgenossen untereinander" (*Schnackenburg*, Gottes Herrschaft 64). Dies im Gegensatz zum spätjüdischen paradiesischen Ausmalen der Heilszeit, ebd.

Von hier erst wird es ganz deutlich, warum die Übersetzung der Basileia Gottes allein mit „Reich Gottes" irreführend ist[76], und zweitens, warum nur Gott allein diese Herrschaft aufrichtet: weil er allein *diese* Herrschaft aufrichten *kann.* Je weniger das Sachgut im Vordergrund steht und je mehr es um die Mitteilung der Macht Gottes, in der entfalteten Sprache des späteren neutestamentlichen Zeugnisses: um die Mitteilung Gottes selbst geht, desto weniger kann irdische Aktivität eine herbeiführende Rolle spielen. Die Lebendigkeit des Menschen ist, so können wir hier schon sagen, nicht *Voraussetzung* dieser Gottesherrschaft (wie immer man diese Aktivität fassen will), sondern ihr *Ergebnis.* Das „Leben" ist ja das, in das man „eingeht" und das man „erbt"[77]; die Lebendigkeit menschlicher Aktivität ist damit das, was der Mensch empfängt. *Daß* es diese Lebendigkeit in und unter der Gottesherrschaft gibt (und nicht tote Unlebendigkeit), ist von hier aus schon klar; *wie* sie mit der Ausübung dieser Gottesherrschaft zusammenhängt, ist noch zu klären. Ist sie vielleicht nur nachträgliches Geschenk, das ganz aus der Aufrichtung der Gottesherrschaft erfließt, sie aber in keiner Weise bestimmt, oder hat sie eine innere Beziehung zu ihr wesentlicher Art (wobei ja die aktive Mitwirkung des Menschen an der Errichtung der Gottesherrschaft ausgeschlossen bleibt)?

### *Die hohe Aktivität der Antwort des Menschen*

Diese Frage muß uns nun in dem zweiten Teil jener Überlegungen, die die Aufrichtung der Herrschaft und des Reiches Gottes verstehen wollen, beschäftigen, jenem Teil, der das Geschehen nun ausdrücklicher von der Seite des Menschen ansieht. Wir stehen bei dieser Frage sofort vor jenem eindeutigen Problem: Das Reich und die Herrschaft Gottes wird von ihm allein aufgerichtet, ohne Beteiligung des Menschen. Gleichzeitig ist der Mensch Adressat höchster und umfassendster Forderung im Hinblick auf dieses Reich; es scheint immer wieder so zu sein, daß dessen Aufrichtung entscheidend davon abhängt, daß der Mensch diese Freudenbotschaft von der neuen Gottesherrschaft annimmt, sie „glaubt" (Mk 1,15). Ja, mehr ist gesagt, wo er, wie Mk 10,15, die Gottesherrschaft selbst „annehmen" muß, damit er in sie „eingehen" kann. Die Menschen scheinen es in der Hand zu haben,

---

[76] Vgl. dazu *Schnackenburg*, Gottes Herrschaft 247f.

[77] Siehe o. 38.

ob die Gottesherrschaft (und damit, wie wir sahen, ihre eigene Lebendigkeit und Wirklichkeit) aufgerichtet Wirklichkeit wird. Denn eine Herrschaft und ein Reich Gottes, das vor und außerhalb der Menschen bestehen könnte, so daß seine Wirklichkeit unabhängig sein könnte von dem tatsächlichen Einfluß auf die Menschen, ist nach dem Gesagten für die neue Gottesherrschaft besonders unvorstellbar. Daß tatsächlich in der synoptischen Verkündigung die Antwort des Menschen gesucht und gefordert wird, ist unübersehbar. Welcher Art ist diese verlangte Aktivität des Menschen?

Die herannahende Gottesherrschaft, also die neue Begegnung Gottes mit den Menschen, verlangt, wie es in Mk 1, 15 zusammengefaßt ist, Umkehr und Glaube. Umkehr ist (nach dem hebräisch-aramäischen Verständnis) eine Tat der umfassenden Lebenswandlung; es ist das Einschlagen eines neuen Lebensweges [78]. Es hat zunächst nichts zu tun mit „Werken der Buße". Diese kann der Mensch tun, ohne daß er sich ändert, ja sogar so, daß er sich durch sie bestätigt. Glaube ist ebenfalls, in einem engen Zusammenhang mit der „Umkehr", eine Entscheidung und ein Vollzug des ganzen Lebens [79]. Daß es um keine partikuläre Entscheidung geht, die sich gut mit anderen Entscheidungen für wichtige Güter vertragen könnte, geht daraus hervor, daß man andere Aufgaben und Werte zurücklassen muß, wenn man zu diesem Mahl der Gottesherrschaft gerufen ist (Mt 22,1–14 par); daß man anderen Besitz drangeben muß (Mt 13,44ff.), ja sogar Auge und Hand, wenn sie im Wege stünden (Mt 5,29f.); daß man zentrale Werte des irdischen Lebens für die Gottesherrschaft aufgeben kann wie die Ehe (Mt 19,12) und die Familie (Mt 10,37 par); ja daß man überhaupt dies als einzige Aufgabe ansehen muß wie der Bauer beim Pflügen eben seine Arbeit (Lk 9,62). Jesus *„in seiner Person bedeutet die Forderung der Entscheidung,* insofern sein Ruf Gottes letztes Wort vor dem Ende ist und als solches in die Entscheidung ruft. Jetzt ist es letzte Stunde; jetzt gilt es: entweder – oder! Jetzt fragt es sich, ob einer wirklich Gott und seine Herrschaft will oder die Welt und ihre Güter; und die Entscheidung muß radikal getroffen werden" [80]. Sosehr die Entscheidung partikulär aussieht, *für* die Gottesherrschaft und *gegen* manche ande-

---

78 *Schnackenburg,* Metanoia 356–359.

79 Das habe ich in meinem Buch „Glaubensgewißheit in Freiheit" zu zeigen versucht; zur neutestamentlichen ganzheitlichen Bedeutung von „glauben" s. 57–61.

80 *Bultmann,* Theologie 8 (§ 1.3).

ren Güter, so wenig ist sie partikulär. Nur die unvergleichliche Gottesherrschaft kann die totale Hinkehr des Menschen verlangen. Daß dann der Mensch auf wichtige Güter verzichten muß, der eine auf diese, der andere auf jene, ist Zeichen für die alles fordernde Totalität der Gottesherrschaft, nicht etwa dafür, daß man diese mit endlichen Gütern vergleichen und sie mit ihnen verträglich oder unverträglich finden könnte. Den deutlichsten Ausdruck für die Totalität der Forderung der Gottesherrschaft ist die Verurteilung des Gesetzesdenkens, in dem der Mensch durch diese oder jene sittliche Leistung versucht, Gott seinen Tribut zu entrichten[81]. Ähnlich wie bei der quasi-religiösen Hingabe an Weltgüter, die der Annahme der Gottesherrschaft widerspricht, wird hier ein „Werk" des Menschen, das begrenzten Wert hat und nicht identisch mit ihm selbst ist, herausgestellt als das, was Antwort auf die Forderung der Gottesherrschaft sein soll. Dagegen wendet sich Jesus (und nicht erst Paulus) mit unerbittlicher Schärfe: Gott verlangt den ganzen Menschen in dessen Tat, die nicht in einem Werk neben dem Menschen besteht, mit dem er sich vor dem Anspruch Gottes schützt[82], sondern in dem offenen Gehorsam, der – gemessen an der lebendigen Unendlichkeit Gottes – nichts Einengendes hat, sondern eben grenzenlose Offenheit und damit Freiheit ist.

Der Entscheidungscharakter der Gottesherrschaft liegt nicht im Aufgerufensein durch eine Weltsituation, die anders (zu einem „Reich Gottes") zu machen wäre, sei es in einer technisch-gestaltenden oder einer sittlichen Aktivität, sondern in dem Ereignis der Tat und der Botschaft Gottes: der Tat Gottes, der in Jesus seine Herrschaft aufrichtet und der selbst das Mahl bereitet, und in der Botschaft, die Jesus und seine Boten ergehen lassen.

Es gibt eine Aktivität des Menschen der Gottesherrschaft gegenüber, die dieser einfach voranzugehen scheint. Der Mensch ist aufgerufen, nach ihr zu „trachten" und zu „suchen" (Mt 6,33 par), und er ist vor allem aufgerufen, wachend sie zu erwarten. Kaum eine andere Haltung wird so eindringlich gefordert wie die Wachsamkeit. „Wachen" im Sinn von: nicht schlafen, aber öfter noch im Sinn von: wachsam sein, bereit sein, gespannt Ausschau halten, um den Herrn oder den Bräuti-

---

[81] Vgl. *Bultmann*, Theologie 10–21 (§ 2).

[82] Die Verwandtschaft dieser Haltung mit der Zwangsneurose ist deutlich. In ihr wird säkularisierte Gesetzesfrömmigkeit vollzogen.

gam zu empfangen[83]. Wachsamkeit ist gespannte Aufmerksamkeit, die sich auf ein *Ereignis* richtet, das *unversehens* hereinbricht. Daß das Kommen der Herrschaft und des Reiches Gottes beide Merkmale hat und somit mit höchster Wachsamkeit erwartet werden muß, hat nichts zu tun mit pädagogischen Maßnahmen, die den Zeitpunkt geheimhalten, um *allzeit* für sittliche Zucht und Ordnung zu sorgen, sondern ergibt sich aus der Eigenart des Reiches und somit seines Kommens: Es ist der menschlichen Aktivität und *damit* dem Verstehen[84] so unzugänglich, daß der Mensch die Weise und den Zeitpunkt des Kommens weder berechnen noch gesagt bekommen kann. Aber es ist deutlich, daß deswegen „Wachen" nicht Untätigkeit und Unlebendigkeit ist. Es ist vielmehr gespannte Lebendigkeit und hohe Aktivität – nicht eines technischen Handelns, sondern einer geistig einfachen, umfassenden Tat. Später[85] müssen wir sie näher bestimmen. Auch die Wachheit des schweigend zuhörenden Gesprächspartners ist hohe Aktivität; sie ist so groß, daß sie das Reden des anderen wesentlich bestimmt, vielleicht erst ermöglicht.

Die so sich darbietende Forderung der herangekommenen Herrschaft Gottes scheint ganz und gar den einzelnen zu meinen, also „privater" Natur zu sein, und sie ist es auch[86]. In unserer Zeit, in der der Mensch als Gesellschaftswesen, als Menschheit oder im Kollektiv erscheint – und dies folgerichtig aus einem veränderten Bewußtsein heraus[87] –, ist es schwer begreiflich, daß der einzelne in dieser Weise letzter Einsamkeit „primärer Adressat" der evangelischen Botschaft sein soll. Daß – positiv – es doch so sein muß, erhellt vielleicht jetzt schon aus der Eigenart dieser geforderten hohen Aktivität, die als solche noch kein äußeres Objekt und keinen äußeren Vorgang bei sich hat[88]; daß dies – negativ – dem neu in den Mittelpunkt gerückten sozialen Charakter *aller* menschlichen Aktivität nicht widerspricht, kann in diesem Stadium unserer Überlegungen daraus vermutet werden, daß inner-

---

[83] Im Blick auf die Parusie: Mt 24,42; 25,13; Mk 13,35.37; ähnlich Lk 12,40: γίγνεσθε ἕτοιμοι; *Oepke*, γρηγορέω 337.

[84] Dasjenige ist in besonderem Maße dem Menschen verständlich, was er selbst machen kann: ein Gedanke, den wir bei Vico (s. u. 88) antreffen und in der technischen Neuzeit gelebt finden.

[85] Siehe u. 104ff.; 114–118; 123–127.

[86] Der einzelne als primärer Adressat der evangelischen Botschaft: *Hengel*, Revolutionär? (Thesen) 695 (These 4d).

[87] Siehe u. 71ff.; 90–101. [88] Vgl. unten 123ff.

weltliches Handeln als *menschliches* ohne eine solche vorausgesetzte[89] innerpersonale Aktivität kaum vorstellbar ist; was übrig bliebe als Möglichkeit, wären seelen- und verantwortungslose revolutionäre Armeen.

Diese hohe Aktivität, die sich als die geforderte Antwort bisher ergeben hat, ist eine des *Entgegennehmens.* Nicht nur dort, wo gesagt wird, daß die Gottesherrschaft „entgegengenommen" (Mk 10, 15) oder „geerbt" (Mt 25, 34) werden muß, sondern auch dort, wo gesagt wird, daß sie „kommt" (Mt 6, 10 par; Lk 17, 20) und „gegeben" (Lk 12, 32) wird, ist dies deutlich. Es ergibt sich auch aus allem bisher Gesagten. Gleichzeitig zeigt sich schon hier, daß Entgegennehmen nichts Schwächliches, Inaktives, Träges ist (wenn es wirklich Entgegennehmen und nicht nur apersonales Überschüttetwerden ist): Nach dem Neuen Testament ist Entgegennehmen hohe Lebendigkeit und Aktivität. Nach Mk 10, 15 in dem Wort vom Entgegennehmen, wie es ein Kind tut, ist das totale Offensein, Annehmen und das Nichtherstellenkönnen gezeigt; an anderen Stellen ist es das Ertragenkönnen, Verzichtenkönnen, das eine anspruchsvolle Reife fordert.

Es ist aber noch etwas über die Begegnung von göttlicher und menschlicher Aktivität nach dem synoptischen Zeugnis zu sagen. Die positive Antwort auf die herangekommene Gottesherrschaft ist ein „Eingehen" in sie[90] wie in eine Machtsphäre[91]. Freilich meinen diese Worte vom „Eingehen" in das „Reich Gottes" oder „Reich der Himmel" zunächst die zukünftige, volle Verwirklichung der Herrschaft Gottes. Dies aber ist eben nicht als das zukünftige Eingehen in das „Himmelreich" im späteren Sinn gemeint, als Belohnung nach diesem Erdenleben, sondern ist ein zukünftiges volles Erfahren der Macht Gottes (der noch „in Macht"[92] kommen muß), die in der „Macht" Jesu[93] jetzt schon real da ist und sich auswirkt. Die Gottesherrschaft ist eine so wirksame (weil machtvolle) Realität, daß sie sich jetzt schon auswirkt, auch wenn ihre volle Macht erst in der Zukunft offenbar sein wird. Deshalb gehen die Diskussionen, ob Gottes Herrschaft und

---

[89] Sie wird „voraus-gesetzt", aber so, daß sie sich nur gegenüber und am innerweltlich anderen vollziehen und zu sich kommen kann; auch das sagt das Neue Testament in seiner Sprache.

[90] Mk 9, 47; 10, 15.23 ff.; Mt 5, 20; 7, 21; 18, 3; 19, 23 u. ö.

[91] *Schweizer,* Markus 24; *Conzelmann,* Reich Gottes 915.

[92] ἐν δυνάμει: Mk 9, 1.

[93] ἐξουσία: Mk 1, 22.27; der „Stärkere", ἰσχύτερος Lk 11, 22; vgl. Mt 5, 21–45.

Reich nach der Verkündigung Jesu und der Urgemeinde gegenwärtig oder zukünftig sei, oft an der Sache vorbei. Diese Frage kann nur so oder so beantwortet werden, wo es um Vorhandenes geht, das der Mensch in Besitz nehmen oder gar herstellen kann. Sie stellt sich in dieser alternativen Fassung aber nicht, wenn es um die Machtsphäre Gottes geht, die grundsätzlich in Jesus Christus da ist und sich in Zukunft voll durchsetzen muß (vgl. Mk 1,22–27 mit Mk 9,1).

Glaube als Annahme der Gottesherrschaft ist ein Mächtigwerden aus der Macht Gottes[94]. Dieses Mächtigwerden ist von eigener Art, da es nicht daran gemessen werden kann, ob es fähig oder willens ist, Irdisches zu verändern, zu bauen oder zu beseitigen. Nicht weil dies nicht wichtig wäre; im Gegenteil, es ist so wichtig, daß es nach der Botschaft von der Gottesherrschaft viel gründlicher geändert werden soll, als die entschlossensten Revolutionäre es im Sinn haben könnten. Dieser Weg der Macht Gottes in Jesus Christus ist aber derart, daß ihm die Vorstellung von den Aufgaben des Menschen, wie sie in den letzten zweihundert Jahren herrschend geworden sind, gereizt und heftig widerspricht. Im innertheologischen Bereich zeigt sich das in dem sich ausbreitenden Versuch, der Aktivität des Menschen eine andere Aufgabe bei der Aufrichtung der Herrschaft Gottes zuzuweisen[95]. Die Aktivität des Menschen gegenüber der anbrechenden Gottesherrschaft ist aber, so sahen wir, nicht die des Herbeiführens oder Verwirklichens, nicht die des „Bewahrheitens" der Wahrheit Gottes[96], sondern eine höhere, weil die Gottesherrschaft im Neuen Testament größer verstanden wird. Jesus selbst hat sich geweigert, und mußte es von der Eigenart seines Werkes her, sich und sein Werk „zu bewahrheiten". Er verweigerte Zeichen, die ihn legitimieren sollten[97], zuletzt und am eindrücklichsten und unübersehbar deutlich am Kreuz: „... sich selbst kann er nicht retten; der Messias und König Israels steige jetzt herab vom Kreuz, damit wir sehen und glauben" (Mk 15, 31f.). Er solle „jetzt", nicht etwa später, das Leiden demonstrativ abbrechen, sich vom Kreuz lösen und *so* sein Werk bewahrheiten; er soll

[94] *Muschalek,* Glaubensgewißheit 60f.

[95] Dieser Frage ist in ausgezeichneter Weise *D. Berdesinski* in seinem Buch „Die Praxis – Kriterium für die Wahrheit des Glaubens? Untersuchungen zu einem Aspekt politischer Theologie" (München 1973) nachgegangen.

[96] Vgl. dazu *Berdesinski,* Praxis v. a. §§ 8 u. 9.

[97] Etwa Mt 12,38ff.

die Effektivität seiner Macht für die Befreiung von irdischem Leid zeigen; dann könne man ihm glauben. Jesus tat es nicht, was uns schwerer eingeht als etwa dem Mittelalter, für das der Gekreuzigte, der das Leiden durchlitt und auslitt, eine unersetzliche Trost- und Kraftquelle war. Jesus verkürzte den Weg der Leidensüberwindung nicht und bewies nicht die Macht der Gottesherrschaft, weil sie größer ist und Größeres zu bewirken vorhat (was auch das irdische Leid einschließt). Das gilt, so dunkel es bleibt, warum das Leid ausgelitten werden muß – dunkel bleibt es wie das Leid selbst. „Bewahrheiten" ist für Jesus (in diesem geforderten Sinn) nicht möglich, weder als Messias[98] noch als Arzt[99], weil das zu Bewahrheitende nicht sichtbar gemacht werden kann. Sosehr die Veränderung und Heilung der Welt von dieser Art des unsichtbaren Kommens der Gottesherrschaft und von ihrer unsichtbaren und durch Leiden und Sterben noch einmal verhüllten Annahme durch die Menschen lebt, so wenig kann sie in der jetzigen Heilung der Wunden der Welt ihre eigentliche Gestalt finden.

Aus all dem, was sich aus dem synoptischen Zeugnis über die Herrschaft Gottes und sein Reich ergeben hat, geht sehr deutlich die Eigenart *dieser* Herrschaft gegenüber jeder anderen Herrschaft hervor. Die Herrschaft Gottes ist zunächst *Gabe.* Sie kann ganz und gar dadurch gekennzeichnet werden, daß Gott gibt; und zwar vor jeder Forderung kommt die Gottesherrschaft, so daß sie nur angenommen zu werden braucht. Menschliche Herrschaft *fordert* zunächst (wenn auch im idealen Fall die Erfüllung der Forderung zum Wohl der Menschen sich auswirkt). Zweitens ist die Herrschaft Gottes dort, wo sie Antwort fordert, *Freiheitsforderung.* Sie verlangt, daß der Mensch sich nicht nur *in* Freiheit entscheidet, sondern auch *für* die Freiheit. Die biblischen Begriffe dafür sind Leben, Licht, Freude, Herrschen („über die Stämme Israels" Mt 19,28 par). Die geforderte radikale Offenheit auf Gott hin (statt des Hängens am Gesetzestext und damit an der Selbstbestätigung) ist Freiheit des Menschen zum Unendlichen. Herrschaft der Menschen muß aber menschliche Freiheit einschränken, auch dort, wo sie nicht unterdrückt, sondern Entfaltungsmöglichkeit schaffen will. Die Herrschaft Gottes ist anspruchsvolle Befreiung, mit der Last, aber auch der Erfüllung der unendlichen Freiheit; nicht die Last der

---

[98] Das „Messiasgeheimnis" hat hier seinen Ursprung; so sehen wir es heute im Unterschied zu Wrede; vgl. *Schweizer,* Markus 29f.; *Conzelmann,* Jesus 620f.

[99] Vgl. Lk 4,23.

endlichen Verpflichtung ist ihr eigen. Herrschaft der Menschen (wie auch der Zwang der Verhältnisse) kann nur die geringere oder größere Last der partikulären Verpflichtung auferlegen. Und drittens ist die Herrschaft Gottes *überwältigende Autorität der Liebe.* „Autorität" ist hier im eigentlichen und vollen Sinn gebraucht: als Fähigkeit und Tat, Leben im anderen zu mehren[100]. Herrschaft der Menschen muß, sosehr sie in gewissem Ausmaß wahre Autorität verwirklichen kann, von der Liebe unterschieden und abgesetzt bleiben.

Wenn so etwas genauer bedacht wird, was Gottes Herrschaft und Reich bedeutet, läßt sich ermessen, was es heißt, von der Herrschaft Gottes nicht mehr reden. Wenn man sie ausklammert, nimmt man das Herzstück der synoptischen Evangelien heraus; wir verlieren somit Gott, wie allein er sich uns gibt, wohl auch nur geben kann.

*Die Beendigung der Zeit*

Die Beendigung der Zeit als Konsequenz aus der Aufrichtung von Gottes Herrschaft und Reich soll uns zum Abschluß einen Augenblick lang beschäftigen[101]. Noch einmal wird die Gottesherrschaft dem neuesten Geschichtsdenken fremd[102]; vielleicht aber nur ihm und nicht dem Verlangen des Menschen. Wenn es so ist, daß die Herrschaft Gottes und sein Reich darin besteht, daß *Gott sich* in Jesus Christus der Welt mitteilt als die absolute Wirklichkeit, die durch ihre grundsätzliche Anwesenheit in der Welt und durch die Annahme durch die Menschen die Welt selbst schon grundlegend verwandelt *hat,* sosehr diese Verwandlung sich noch „in Macht" voll auswirken muß, dann ist damit alle wirkliche Geschichte zu Ende. So skandalös es für neuzeitliches Geschichtsdenken klingt: „Die Zeit ist als die *unsrige* zu Ende."[103] Geschichte erhält ihre Bewegung durch Entscheidungen und Taten der Menschen. Wenn Gott durch seine Tat in Jesus die Welt durch seine Wirklichkeit bestimmt hat, ist menschliche Geschichte, von der wahren Wirklichkeit her gesehen, zu Ende. Nach den synoptischen Evangelien bedeutet Jesu Auftreten, sein Wirken und Sterben, den

---

[100] *Friedrich,* Autorität 13f.; *Berg,* Autorität 1133f.

[101] *Cullmann,* Christus; *Löwith,* Weltgeschichte 168–174; *Berdesinski,* Praxis 84.

[102] Vgl. unten 73–77; 90–101 über die Geschichtserfahrung seit dem 18. Jahrhundert.

[103] *Conzelmann,* Reich Gottes 915. Es gibt zwar auch nach der Tat Gottes in Jesus Christus noch Geschichte, wenn auch in einem anderen Sinn und nur von relativer Wichtigkeit, immer schon umfaßt von der entscheidenden Vollendung von Geschichte durch Gott; vgl. unten 123–127.

Anspruch, den Weltlauf der Dinge an sein Ende gebracht zu haben, ein Ende, das Überwindung und Erfüllung bedeutet. Die Vergangenheit ist beendet, und neue Zukunft ist eröffnet[104]. Vergangenheit wird durchkreuzt, aufgehoben, indem verpfuschtes, verworfenes Leben total erneuert wird: Jesus in seinem skandalösen Stehen zu den Sündern, an dem sich göttliches Vergeben zeigt; aber auch menschliche Zukunft wird durchkreuzt, in ihren eigenen Erwartungen, und neue unausdenkbare (*grundsätzlich* unausdenkbare) Zukunft wird eröffnet: Jesus redet vom Kommen der Gottesherrschaft und dem Eingehen in Leben, Licht, Freude. Dieser Anspruch Jesu wird bestätigt und vollendet in seiner Auferstehung: Ende des Alten und Beginn des Neuen, aber im Geheimnis, wie es eben der neuen Wirklichkeit der Welt eigen ist.

Eine weltliche Welt hat ihre weltliche Zeit, nicht mehr, und sie wird von daher bestimmt und von daher beurteilt. Eine Welt, gesehen von der angebrochenen Gottesherrschaft her, wird in wesentlicher Hinsicht anders gesehen und beurteilt[105]. Daß die Welt und die Geschichte in dieser anderen Weise gesehen werden, hat seinen Grund darin, daß das Absolute (das der Absolute ist) gegeben ist und angenommen ist – grundsätzlich von der Welt, und nun von jedem Menschen entgegengenommen werden kann. Zu glauben, das Absolute sei nicht gegeben und könne nicht entgegengenommen werden, muß unübersehbare Spuren in der geistigen Geschichte der Menschheit hinterlassen. Mit ihnen werden wir uns bei dem Versuch der geistesgeschichtlichen Deutung unseres heutigen Standorts zu befassen haben[106].

### b) Paulus

Die Anlage der vorliegenden Untersuchung erlaubt es nicht, auch nur annähernd vollständig dem bei Paulus und Johannes nachzugehen, was dort über die Aktivität Gottes und des Menschen gesagt ist. Die zwei Skizzen, die folgen, werden noch kürzer ausfallen als die Erörterung der Synoptiker. Dafür läßt sich ein Grund aus der heutigen Fragestellung anführen. Jede Zeit hat ihre neutestamentlichen Schriften bevorzugt – bis hin zur Verzeichnung der Gesamtbotschaft des Neuen Testamentes. So war für die Reformation und dann wieder für die von

---

[104] Vgl. *Bornkamm,* Jesus 56f.
[105] Vgl. *Conzelmann,* Reich Gottes 915.
[106] Siehe u. 59–77.

Hegel bestimmte Theologie seit F. Chr. Baur Paulus der eigentliche Bote des Neuen Testamentes. Heute ist die Vorliebe für die synoptischen Evangelien und in ihnen für den „historischen Jesus" unübersehbar. Wahrscheinlich ist dabei die Hoffnung am Werk, durch diesen Jesus der synoptischen Evangelien eine von anderswoher vorgegebene Auffassung von dem Wesen menschlicher Aktivität bestätigt zu finden. Paulus scheint durch seine theologisch zugespitzte Entgegensetzung von Gottes und des Menschen Aktivität, durch seinen Preis der Tat Gottes und seine Weigerung, dem Menschen heilschaffende Werke zuzubilligen, weniger dafür geeignet zu sein. Die vorausgehenden Darlegungen sollten etwas ausführlicher zeigen, daß sich dieselben Grundlinien auch schon bei den Synoptikern finden.

Die Tat Gottes, die alles wendet, wird bei Paulus nicht nur in seiner Rechtfertigungslehre dargestellt, wie die nachreformatorischen Kontroversen glauben machen könnten. Die paulinische Theologie ist als ganze und in all ihren Verzweigungen eine Erinnerung an die alles entscheidende Heilstat in Christus, die so sehr und so tief einen neuen Grund und ein neues Sein setzt, daß sie als neuer Schöpfungsakt begriffen wird[107]. Gott handelt in Jesus Christus: Er führt sein Heilshandeln an der Welt zu Ende, indem er Christus seine letzte, alles entscheidende, weil alles enthaltende Tat sein läßt. Er handelt im Evangelium, das nicht schwache Information ist, der in der Verwertung durch den Informierten Wirksamkeit verliehen werden muß; es ist „Kraft zum Heil für jeden, der glaubt", und dies, *weil* in ihm die Gerechtigkeit Gottes, also die voll geglückte Beziehung zu Gott und zu der menschlichen Gemeinschaft, offenbar und damit wirksam mitgeteilt ist. *Deswegen* schämt sich Paulus des Evangeliums nicht (Röm 1,16f.). Er benützt in diesem zuletzt angeführten Satz eine urchristliche Bekenntnisterminologie[108] und gibt somit in den zwei Begründungssätzen den Grund an, warum er und jeder Mensch glauben könne. Der Grund ist, daß Gott öffentlich zum Heil eines jeden und aller gehandelt hat und handelt.

So ist auch Pauli Verkündigung, also sein Lebenswerk, nichts anderes, als Gott selbst reden und handeln lassen durch den Mund seiner

---

[107] *Bornkamm,* Paulus 192. Im folgenden können nicht alle Exegeten genannt werden, denen ich Einsichten verdanke; herausgehoben werden soll aber das ebengenannte Buch von Bornkamm, dem ich in vielem folge.
[108] *Kertelge,* Rechtfertigung 85 Anm. 106.

Boten (2 Kor 5,20) und durch die Epiphanie der Gottheit (vgl. 2 Kor 2,16). Deshalb kann gesagt werden, daß „der Glaube *kam*" (Gal 3,23), daß er in die Geschichte hineinkam und gewissermaßen von außen auf die Menschen zukam. Dieser Glaube ist mehr als das subjektive Glauben oder die objektive Glaubenslehre: Er ist eine neue reale Möglichkeit oder eine objektive Macht zum Heil[109].

Dies alles geschieht aber dadurch, daß Jesus Christus in die Geschichte Gottes mit der Welt hineingestellt wurde[110], also der vergänglichen irdischen Geschichte und damit allem bloßen geistesgeschichtlichen Weiterwirken und der entsprechenden Rückerinnerung entnommen ist und mit der Unmittelbarkeit Gottes über die Geschichte herrscht. Die Reich-Gottes-Erwartung hat mit der Auferweckung Jesu ihre entscheidende Erfüllung gefunden: In Jesus Christus ist die Gottesherrschaft Wirklichkeit (wenn auch noch nicht in aller Welt). So ist es nicht zu verwundern, daß der *Begriff* „Gottesherrschaft" bei Paulus kaum mehr auftaucht. Die *Erfüllung* in Christus hat die *Erwartung* und ihren Begriff zurücktreten lassen. Gleichwohl ist es die (Über-)Erfüllung der alten Erwartung: Sie hat ihre Gaben mit sich gebracht, Gerechtigkeit, Friede und Freude (Röm 14,17)[111]. Alle Hoheitstitel Christi bedeuten das eine, „daß er und kein anderer Inhalt und Träger des von Gott an der Welt vollbrachten Heiles ist"[112].

Christus ist aber der Gekreuzigte für Paulus. Er bleibt es als der Erhöhte und Herrschende. Kreuz Christi heißt, daß Gottes Tat menschliche Erwartungen und Maßstäbe durchkreuzt. So ist es – weit über die Darstellung universalen menschlichen Elends an dem Gekreuzigten und über das Mit-Leiden Gottes mit der Welt hinaus – die äußerste Proklamation der Gottheit Gottes und *seiner* Mächtigkeit, die Welt zu vollenden. Kreuz Christi ist insofern nicht nur Erleiden dessen, was der Welt tief zu eigen ist, sondern zugleich Urteil über diese Welt und über *ihre* Versuche, das Heil in der Welt aufzurichten. Auch Paulus hat – ähnlich wie der synoptische Jesus – gegen das Ver-

---

[109] Nach *Schlier* (Galater 63) ist mit πίστις hier entweder „der Messiasglaube als Heilsweg" oder „die Glaubensbotschaft als objektive Macht" gemeint.

[110] *Bornkamm*, Paulus 123.

[111] *Berdesinski* (Praxis 86f.) weist nach, auch im Blick auf 1 Kor 4,20, wie sehr dies *Gaben* der Gottesherrschaft sind, die „umsonst" gegeben werden, keineswegs menschliche Bausteine als Vorleistungen, mit denen Gottes Reich gebaut werden müßte oder könnte.

[112] *Bornkamm*, Paulus 123f.

langen des Menschen zu kämpfen, daß sich Gott in Jesus bewahrheiten müsse nach den Maßstäben der Welt. Deshalb ist das Kreuz den einen „Torheit", den anderen aber „Kraft Gottes" (1 Kor 1,18), „den Juden ärgerlicher Anstoß, den Heiden Torheit" (1 Kor 1,23)[113]. Torheit in den Augen des selbsttätigen Menschen ist es sicher, das Heil, die unversehrte Ganzheit des Menschen vom bleibend aufgerichteten Kreuz zu erwarten. Wenn wir spätere Überlegungen vorwegnehmen, muß man fragen, ob nicht in den letzten zweihundert Jahren der Kontrast zwischen menschlicher Erwartung und dem Kreuz als Heilstat Gottes eine bisher nie dagewesene Schärfe erreicht hat.

Auch nach Paulus „bewahrheitet" Gott sich durch seine Tat, die Christus ist: so, daß er das „Ja" der Verheißungen als ihre Verwirklichung[114] ist; der Modus der Verwirklichung ist das Kreuz, durch das *Gott* Elend und Tod besiegt, und ist die Schwachheit, in der sich die Kraft Christi vollendet (2 Kor 12,9f.). Die Weisheit Gottes sieht jetzt anders aus (1 Kor 2,6–16). Sie ist ein Geheimnis, ist verborgen, vor allen Zeiträumen (Äonen) schon für uns bereitet, für unseren „Macht-Glanz" (die doxa), die Ganzheit und Heil von Gott her geben wird[115]. Wir kennen sie, aber nur, weil wir zuvor „den Geist empfangen haben", der „die Tiefen Gottes erforscht". Wir haben ihn erhalten, *damit* wir das erkennen, was Gott uns geschenkt hat (V. 12). Wir haben empfangen, um das Geschenkte erkennen und somit annehmen zu können. Das Empfangen von Gott steht am Beginn, sogar vor dem Entgegennehmenkönnen (sowenig Paulus hier über das Ineinander von Gottes und des Menschen Aktivität reflektiert: Ausgeschlossen bleibt eine partnerschaftliche Kooperation und ein gleich ursprüngliches Geben und Nehmen bei Gott und Mensch). Dieses Entgegennehmen hat so wenig etwas Infantiles an sich, daß der so instandgesetzte Mensch, der diesen alles eröffnenden Geist Gottes entgegennehmen kann, über allem steht und alles beurteilen kann (V. 15f.).

113 Auch die „Machterweise" (Juden) und die sich ausweisende Weltweisheit (1 Kor 1,22; vgl. *Bornkamm,* Paulus 167) sind „Bewahrheitungen". Es sind dies die immer neuen Forderungen, Gott in seiner Tat in Jesus Christus müsse sich ausweisen (als „effektiv", welt- und lebensverändernd), bevor er angenommen werden kann. *Das* aber ist das entscheidende Hindernis: Gott „unterbringen" zu wollen in dem Weltgefüge; in ihm Gott einen Platz zu suchen, damit er akzeptabel wird. Und wenn Gott nur dann Gott wäre, wenn er jeder Spur, ihn einordnen zu wollen, widerstünde?

114 *Berdesinski,* Praxis 72.

115 Die Wiedergabe von αἰῶνες mit „Zeit-Räumen" und von δόξα mit „Macht-Glanz" geht auf Heinrich Schlier zurück.

Die für Paulus eigentümliche Zuspitzung erfährt unsere Frage in dem, was er über die Rechtfertigung des Sünders sagt[115a]. In sechs Gedankenschritten wollen wir uns dem annähern, was Paulus darunter verstand.

*Das Gute muß getan werden.* Diese für Paulus selbstverständliche Voraussetzung darf nicht übersehen werden. Es geht bei der Gesetzestheologie des Alten wie des Neuen Testamentes um die Frage, wie das Gute, zusammengefaßt in der „Gerechtigkeit", dem rechten, guten Verhältnis der Menschen zu Gott und der Menschen in der Volksgemeinschaft untereinander, getan werden könne. Dieser Ausgangspunkt der paulinischen Rechtfertigungslehre ist im theologischen Disput über die Rolle der „Werke" verdunkelt worden. Die Liebe „handelt". Das Motiv zum Verzicht auf die Werke des Gesetzes ist somit nicht Unlust am Handeln; umgekehrt: Eine ungebrochene Sehnsucht nach dem guten Werk, die es zu den Lebensbedingungen rechnet und seinen Mangel als unerträgliche Not empfindet, ist ihr Grund. „Paulus hat zeitlebens im intensiven Sinn zu denen gehört, die ‚nach Gerechtigkeit hungerten und dürsteten'."[116] Damit hängt zusammen, daß die „Werke" bei Paulus nicht nur als Erfüllung des mosaischen Gesetzes verstanden werden dürfen[117], sondern als jede Art menschlichen Handelns und menschlicher Leistung, „die etwas beschaffen und verdienen kann"[118].

*Das Gesetz ist an sich der Weg dazu.* Denn das Gesetz ist auch nach Paulus heilig, gerecht und gut (Röm 7,12). Es hat den Sinn, den Weg zum guten Handeln, also zur Bewältigung der Aufgaben gegenüber Gott und der Gemeinschaft der Menschen, zu zeigen und, mehr noch, den Menschen instand zu setzen, das Gute zu tun. So würde die Erfül-

---

115a Es handelt sich um eine besondere paulinische Theologie, die nach Bornkamm (Paulus 126f., 128) sich „nirgends sonst" findet. Man darf aber nicht vergessen, daß schon in Jesu Verkündigung die neue Forderung gegenüber dem Gesetz die gleiche Haltung verlangt; s. o. 42.

116 *Schlatter,* Glaube 329; das ist gesagt gegen eine falsch verstandene Auffassung, daß Christus wirke, nicht der Mensch; vgl. 330f., 337ff., 341.

117 So *Mundle* (Glaubensbegriff 100) gegen Michaelis, Oepke, Kuhlmann.

118 So *Bultmann,* Theologie 283f. (§ 30.2); *Schlatter* (s. Anm. 116); *Wilckens,* Aus Werken des Gesetzes 72–77; *Bornkamm,* Paulus 132f.: Das Gesetz ist jede „gegebene", das heißt vom Menschen entdeckte Richtschnur zum Leben, jeder Wegweiser zum Heil. Es ist also, wie wir heute sagen müssen, alles, was entdeckt als Gegebenes in Psychologie, Ethik, Soziologie, Politologie usf. in Geltung gesetzt wird und ist.

lung des Gesetzes Rechtfertigung[119], Leben[120] bringen und würde vor dem Untergang bewahren[121].

*Das Gesetz erweist sich aber als ohnmächtig.* Für Paulus gilt, daß sich aus seiner Christuserfahrung die Wirkungslosigkeit des Gesetzes, ja seine Verkehrung in eine Todesmacht, enthüllt hat. Der Grund dafür liegt aber nicht eigentlich im Gesetz, sondern im Menschen: weil alle Sünder sind[122] oder, in einer etwas anderen Sicht, weil Gesetzeserfüllung bei uns Menschen zu eigener Gerechtigkeit, zum „Rühmen" und Pochen auf eigene Leistung führt[123]. Der Unterschied zur ersten Begründung der Ohnmacht des Gesetzes ist nicht groß, aber wichtig. Vor allem für unser neuzeitliches Denken ist es unverständlich, daß die „Selbstgerechtigkeit" in diesem Sinn, das Sich-Zuschreiben der Leistung des guten Handelns, das die menschlichen Beziehungen und die Beziehung zu Gott in Ordnung bringt, dieses gute Handeln von vornherein verhindern soll, wirkungslos, ja zerstörerisch machen soll. Und doch ist das die leidenschaftliche Botschaft des Paulus. Hier eröffnet sich die Sicht auf etwas, das uns weithin verlorengegangen und doch zum Leben notwendig ist: das grundlegende Gelingen der Beziehung zu Gott und Mensch nicht erarbeiten, herstellen zu wollen in eigener Macht, sondern es sich ohne mögliche Gegenleistung schenken zu lassen.

*Deshalb muß die Gerechtigkeit Gottes im Glauben entgegengenommen werden.* Inhalt des Evangeliums ist nach Paulus die Möglichkeit der Gerechtigkeit δικαιοσύνη als eine Gerechtigkeit *Gottes* (δικαιοσύνη θεοῦ) (Röm 1,16f.; 3,21)[124]. Die Größe dieser Feststellung und der Wende in den menschlichen Verhältnissen, die sie proklamiert, ist uns kaum mehr zugänglich. Die „Gerechtigkeit" in dem beschriebenen Sinn war für die Juden (und im Grunde für jeden Menschen) die Vorbedingung zum Heil, das dann von Gott als Antwort auf sie gegeben wurde. Jetzt ist das Neue, eigentlich Unfaßbare, daß Gott nicht nur das Heil als Antwort auf die vom Menschen bewiesene „Gerechtigkeit" gibt, auch nicht nur den Spruch der Gerechtig-

---

[119] Röm 2,13.25–29; 2,6.

[120] Röm 10,5; 2,7; auch δόξα, τιμή, εἰρήνη: 2,10.

[121] Röm 2,12; vgl. 2,12–16; *Bultmann,* Theologie 283f. (§ 30.2); *Wilckens,* Aus Werken des Gesetzes 54f.; *Bornkamm,* Paulus 132f.

[122] So Schlatter, Wilckens, Bornkamm.

[123] Bultmann, Schlier.

[124] *Bultmann,* Theologie 272 (§ 28.1).

keit vollzieht[125], sondern alles gibt, auch und gerade rechte Beziehung zu sich und zu den anderen Menschen. Gott ist hier der Aktive, der gerechtspricht und gerechtmacht; er ist ganz und gar der Gebende, der mit seiner „Gerechtigkeit“ uns Ergreifende; wir sind die, die passiv sind, die empfangen, die „Gerechtigkeit“ haben, solange wir von ihr, der „Gerechtigkeit Gottes“, ergriffen sind[126]. Das war für Paulus und die Urgemeinde Grund zum Staunen und zum Lobpreis; für uns ist es eher bedenklicher Angriff auf die menschliche Aktivität[127].

Man darf aber nicht übersehen, daß für Paulus die Passivität des Empfängers der „Rechtfertigung“ nicht tote Unbeweglichkeit ist, sondern hohe Aktivität eigener Art: ein Entgegennehmen, das in Freiheit und zur Freiheit geschieht und somit den Menschen bis in die Tiefe bestimmt. Der entgegennehmende Glaube ist kein „Werk“, also nichts, das ein Ergebnis hervorbringt (und sei es auch das so ungreifbare Ergebnis des sittlichen Tuns), das vom Menschen unterschieden und in gewisser Weise abgelöst werden kann. Solange es dies nicht ist, ist der Vollzug mit dem Menschen identisch (sowenig statisch und sosehr verändernd, gestaltgebend er ist) und ist nichts, wofür der Mensch „sich etwas leisten“, woraus er also in irgendeiner Weise „Kapital schlagen“ kann. Glaube ist nach Paulus nicht „Werk“, sondern „Tat“ (Bultmann)[128]. Ähnliches über das Verhältnis von Gottes und des Menschen Aktivität im Heilsgeschehen wäre anhand des paulinischen Begriffes der „Versöhnung“ (καταλλαγή) zu sagen.

*Das Heil ist neues Sein, aber immer als empfangene Rechtfertigung.* Daß die Rechtfertigung, von der Paulus spricht, forensischer Akt so ist, daß er dem Gerechtgesprochenen neues Sein gibt, ist unter den Exegeten heute nicht mehr umstritten. Nach Bornkamm[129] kann das Heil von der paulinischen Sicht nicht mit Rechtfertigungskategorien allein dargestellt werden. Die Seinsaussagen haben sehr großes

---

[125] *Bultmann,* Theologie 273f. (§ 28.2).

[126] *Bornkamm,* Paulus 147; *Käsemann,* Gottesgerechtigkeit 181 Anm. 183.

[127] Allerdings meint *Harnack* (Geschichte 84f. u.ö.), daß die paulinische Rechtfertigungslehre kaum jemals in der Geschichte voll verstanden und gelebt wurde. Nach *Bornkamm* (Paulus 24) hat die Christenheit weithin aus „sehr anderen Quellen“ als der paulinischen Botschaft gelebt und tut es weiterhin so; sie hat einen „domestizierten Paulus“ (25).

[128] „Die Hinnahme und Annahme dieser Wirklichkeit aber ist selbst... in höchstem Maße ein Tun“; in Phil 2,12f. sei eine paradoxe Einheit von Tat und Empfangen gegeben, *Bornkamm,* Paulus 208.

[129] *Bornkamm,* a.a.O. 160f.

Gewicht, haben aber immer die Rechtfertigungsaussage als Korrektiv bei sich. So ist jeder Art von „Selbstverständlichkeit" des Heils gewehrt, die dort auftaucht, wo der Mensch die „Ganzheit seines Lebens", also sein Heil[130], selbst herstellt (wenn das Hergestellte überhaupt sein Heil sein könnte). *Eigenes* Leben, das Ganzheit gibt, haben und es immer nur als solches haben, das ständig von Gott empfangen wird: das ist nach Paulus das neue Sein.

*Die neue Gerechtigkeit ist individuell und so universal.* Es ist unübersehbar, daß nach Paulus der einzelne der ist, der das Gute tun muß, vor dieser Aufgabe und der Forderung des Gesetzes versagt und Empfänger der neuen Gerechtigkeit werden soll. Es war für Paulus offenbar ebenso deutlich, daß diese Veränderung des einzelnen universale, ja kosmische Folgen hat: Alles wird dem Sohn unterworfen sein (1 Kor 15,28). Auch ist die Weisheit des neuen Weges, des Weges des Gekreuzigten, universal bereitet und in die Welt eingeführt worden (1 Kor 2,6–9). Die neue Gerechtigkeit von Gott her wird aber *Wirklichkeit* in der Tat des Glaubens des einzelnen[131]. Nach Käsemann[132] ist Gottes Gerechtigkeit primär Gottes Macht und Herrschaft *über die Welt,* während Bornkamm[133] darauf hinweist, daß sie zunächst Gabe an den Glauben des *einzelnen* ist. Es ist das moderne Bedürfnis, den einzelnen nur als Teil des Ganzen zu sehen[134], weil nur so, wenn das Ganze überschaut wird, auch der einzelne sinnvoll gesehen werden kann. Das Ganze muß also in *dieser* seiner Geschichte als sinnvolles Geschehen erfahren werden können (und nicht erst jenseits der Geschichte von Gott in unvorstellbarer Weise vollendet werden: 1 Kor 15,25–28). Anders ist es, wenn der einzelne nur durch die Zuwendung Gottes und dessen Gabe der Gerechtigkeit sich als sinnvoll erfahren, glauben kann: Dann ist eine „Theodizee", eine „Rechtfertigung Gottes" nicht möglich, weil der Sinn des ganzen Weltgeschehens dunkel bleibt, ja sogar der Sinn des menschlichen Lebens mit seinem Ausgang, dem Tod. Wenn die Sinngebung durch die individuelle Gabe der Gerechtigkeit für den Menschen unerträglich wird, muß er das Welt-

130 Zur sprachlichen Bedeutung von „Heil" s. u. 112ff.
131 Vgl. schon die Fortsetzung des Weisheitstextes 1 Kor 2,10–16.
132 *Käsemann,* Gottesgerechtigkeit.
133 *Bornkamm,* Paulus 156.
134 Vgl. dazu unten 71ff.; 99.

geschehen als solches sinnvoll auslegen, von Gott her oder durch säkularistische innerweltliche Heilslehren[135].

c) Johannes

Auf den ersten Blick scheint es so, als wäre das Johannes-Evangelium eine einzige Aussage darüber, daß dem Menschen sein Heil und was alles dies in sich schließt, *gegeben* wird: Leben, Licht, Weg, Wahrheit, Brot, Wasser, und zwar in dem, der dies alles *ist*. Ohne ihn ist Finsternis, Weglosigkeit, Lüge, Hunger und Durst, und in allem das Ahnen und Wissen um das Leben in allem Tod und die Sehnsucht danach: Relativierung *und* Verschärfung des Elends zugleich[136].

Der Prolog ist die deutliche Zusammenfassung dieser Sicht: Der Logos, der vor aller Zeit war, ist in die Welt gekommen, ist Fleisch geworden, hat Licht, Wahrheit, Gnade über Gnade – ganz anders als Mose – gebracht; so haben wir *alle* aus seiner Fülle empfangen, haben die Vollmacht erhalten, Kinder Gottes zu werden (nicht nur sollen wir wie Kinder das Gottesreich annehmen, Mk 10,15); es wird ausdrücklich gesagt, daß es nicht menschliches Vermögen ist, das uns das Heil verschafft, sondern daß wir „aus Gott geboren sind".

Nun ist es aber problematisch, das Johannes-Evangelium nur durch den Prolog hindurch zu lesen[137]. Der Logos ist zwar die Übersetzung von „Menschensohn" ins Griechische, aber mit der Würde des Mitarbeiters der Schöpfung, des Mittlers jeder Offenbarung auch vor der Inkarnation. Im Hauptteil dieses Evangeliums wird gesagt, daß der Menschensohn, nicht der Logos, handelte und lehrte und weiterhin handelt. Hier aber könnte ein Zweifel daran entstehen, ob die Heilstätigkeit so überwältigend beim göttlichen Logos liegt. Hier ist viel davon die Rede, daß die Gebote gehalten werden müssen und daß dies die Liebe zu Jesus ist; es findet sich auch das (heute begierig aufgegriffene) Wort vom „Tun der Wahrheit" (das allerdings einen anderen als den meist unterlegten Sinn hat[138]). Johannes ist von eigentümlicher

---

[135] Sie sind streng zu unterscheiden von dem unablässigen *Bemühen*, die Welt erträglich und bewohnbar zu machen; Heilsideologien machen wesentlich anderes: Sie wagen Gesamtdeutungen des Sinnes von allem, die ins Nichts hineingestellt sind. – Wie sich versteht, gilt für Käsemann keineswegs die Schmälerung der Tat Gottes, sondern nur eine deutliche Akzentverschiebung vom einzelnen unmittelbar auf das Ganze der Welt.

[136] *Bultmann*, Theologie 367–373 (§ 42).

[137] *Preiss*, Rechtfertigung 289f.

[138] Vgl. dazu *Berdesinski*, Praxis 99.

Nüchternheit: Es fehlen die Schilderungen von himmlischen Einbrüchen in diese Welt, von der Versuchung Jesu, von seinem Tauferlebnis, von Visionen, fast ganz von apokalyptischen Ereignissen. Man könnte fast sagen, das Johannes-Evangelium sei mehr auf diese Welt (und damit ihre Aufgabe) hingewandt als die Synoptiker und als Paulus. Man ist geneigt, bei Johannes von einer „Mystik der Tat" zu sprechen.

Dieser Eindruck trügt nicht einfach, aber er muß in die ganze Theologie des Evangeliums hineingestellt werden. Dann ergeben sich überraschende Ähnlichkeiten mit den Synoptikern und mit Paulus. Théo Preiss hat gezeigt[139], daß das Johannes-Evangelium auch Vorstellungen aus dem Rechtswesen enthält, die leicht übersehen werden. Es gibt die Begriffe Gesandter, Zeugnis, Zeugnisgeben, Gericht, anklagen, überführen, siegreich (aus einem Prozeß) hervorgehen. Der Menschensohn ist ganz und gar der Gesandte des Vaters, er ist *nur* dies, und gerade deswegen ist er nach jüdischer Auffassung die Gegenwart des Vaters und hat seine Vollmacht. Er kommt um zu richten; er ist als Licht das Gericht („bringt Licht hinein"); im Prozeß läßt er die Wahrheit ans Licht treten. Er wird verurteilt, und dadurch verurteilt sich die Welt selbst. Jesus ist zu Tod und Verherrlichung entschlossen (12,23. 28); das bedeutet aber, daß „jetzt das Gericht über die Welt ergeht, jetzt wird der Fürst dieser Welt ausgestoßen, hinausgeworfen" (der Ankläger wird vom Tribunal entfernt) (12,31). In diesem Prozeß geht es aber um die Wahrheit[140], um Licht und um Leben; es geht also um das Heil des Menschen. Auch im „Menschensohn-Johannesevangelium" wird das Heil nicht vom Menschen verwirklicht, sondern von dem Menschensohn in einem dramatischen Prozeß in die Welt hineingebracht und in ihr durchgesetzt.

Aber auch hier trifft das Heil nicht auf tatenlose Adressaten; auch hier wird es ihnen nicht in einem magischen Kräftestrom eingeflößt. Der Zentralbegriff für die Seite des Menschen, an die sich Jesus wendet, ist „glauben". In keiner Schrift des Neuen Testamentes ist so deutlich schon im Begriff auf den tätigen Charakter dieser Antwort hingewiesen; nur im Johannes-Evangelium kommt es ausschließlich verbal vor. Es hat in sich ein aktives Element (das dann auch im „Kommen zu

---

139 *Preiss,* Rechtfertigung.

140 In dem alttestamentlichen, dem hellenistischen und dem eigentlich johanneischen Sinn von Wahrheit als Offenbarung Gottes; vgl. *Berdesinski,* Praxis 95ff.

Jesus" seinen Ausdruck findet), und ein mehr rezeptives Element, das darin besteht, daß man glaubend „weiß", wer Jesus, der Gesandte ist[141]. Das aktive Element ist wiederum ganz und gar *Tat*, in der besonderen Gestalt des Johannes-Evangeliums. Es ist auch hier kein Tun, Handeln, Bewirken, das ein Ergebnis aus sich herausstellen würde; es ist aber auch nicht ein Hindeuten von ferne auf den Gemeinten, wie es ein „Trauen" oder ein (sich selbst fernhaltendes) Vertrauen wäre. Es ist aktive Übergabe an Jesus, und zwar im umfassenden Sinne einer „Annahme" der anderen Person, also eine Verbindung des eigenen Lebens mit dem Leben des anderen, weil man den anderen als den erkannt hat, der er ist (rezeptives Element), und ihn nicht als den „annimmt", als den man ihn haben möchte[142]. Die Nähe zu den Synoptikern und zu Paulus (bei aller Verschiedenheit) drängt sich auf: Eine hohe Form von Aktivität wird verlangt, die nicht „Werk" ist, sondern Vorgang im Menschen und auf den anderen, auf den Gesandten des Vaters hin; diese „Hinwendung" läßt das Gericht positiv ausgehen und läßt den Menschen somit das Ergebnis des Gerichtes erhalten: das Leben (und Licht und Wahrheit). Dieses Leben vollzieht sich dann in jener Aktivität, die nach außen hin sichtbar ist, im Befolgen der Worte, Gebote, in der Liebe, die Bruderliebe ist. Alles hat hier seinen Ausgang von dem, der kommt (gesandt ist) und gibt, und hat seine Ankunft im Empfangen der aktiv-passiven Weise des „glauben an Jesus Christus".

Jeder, der die neutestamentliche Theologie auch nur ein wenig kennt, weiß, wie viele ihrer Aussagen zu unserer Frage unerwähnt geblieben sind. Vor allem wäre eine eingehende Darstellung der Theologie von Tod und Auferweckung Jesu notwendig, um ein einigermaßen vollständiges Bild von der Tat Gottes an Christus und in Christus zu gewinnen. Der Tod Christi ist als einer, der durch die Auferstehung überwunden wurde, so sehr alleinige Tat Gottes, daß nur noch Glaube oder Unglaube gegenüber diesem Ereignis übrig bleibt, nicht aber die Frage, ob Jesus und die Urgemeinde nicht vielleicht doch den entscheidenden Durchbruch zum Heil vom wirksamen Handeln des Menschen

---

[141] Diese Analyse von πιστεύειν εἰς gibt *Brown,* John I, 513.

[142] Dieser johanneische Begriff von „glauben" erinnert an jenen Vorgang, den Psychoanalytiker unter Annahme einer Person (und seiner selbst) verstehen, auch im Hinblick auf die Notwendigkeit von Freiheit und Mut, ja die Notwendigkeit des Neugeborenwerdens.

erwartet haben. So soll es für diese theologische Skizze bei der Erörterung dieser wenigen Linien der drei Schriftgruppen bleiben, jener Linien, die einen Zweifel an dem Verhältnis von Gottes und des Menschen Aktivität aufkommen lassen konnten.

## II. NATURHAFTE UND TECHNISCHE VORSTELLUNG VOM HEIL

Die Nachzeichnung der biblischen Botschaft vom Handeln Gottes zum Heil des Menschen hebt sich in vielem schroff ab von unserem heutigen Selbstverständnis. Je deutlicher die Fremdheit der Aktivität Gottes (oft sehr leichthin als „Mythologie" bezeichnet) erscheint, desto kräftiger wird unsere Überlegung vorangetrieben. Sie drängt zur Frage: Wie sieht denn die Vorstellung vom „Heil" aus, die der heutige Mensch hat?

Um „Heil" geht es dem Menschen in allen Zeiten und allen Kulturen, wenn man „Heil" nur so umfassend versteht, wie es gemeint ist: Gelingen des Menschseins (also des einzelnen und aller Menschen), Zusammenfügung seines Lebens und aller notwendigen Werte und Güter zu einer geglückten, befriedigenden Ganzheit. Die konkreten Heilsvorstellungen und Heilserwartungen variieren mit dem Wandel der Zeiten. Unsere Zeit hat das Besondere, daß sie sich so tiefgehend von früheren Epochen unterscheidet, wie es wohl sehr selten in der Geschichte der Menschheit geschah[1]. Bei dieser tiefgehenden Wandlung ist zu erwarten, daß gerade die zentralen Anschauungen vom Menschen und seiner Aufgabe und Erfüllung sich wandeln. Die Frage, ob der Glaube an den Gott Abrahams, Isaaks und Jakobs und den Gott Jesu Christi noch möglich ist, ist damit verbunden. Hinter der Frage der Assimilierbarkeit der biblischen Botschaft steht unweigerlich die Frage nach der Klarheit und der Realität dieses Gottes mit seinem Handeln an der Welt, und damit wiederum die Frage nach der Realität Gottes überhaupt; denn ein untätiger Gott ist kein Gott.

Im folgenden soll eine Skizze der wesentlichen Züge der heutigen

[1] Nach *Freyer* (Zeitalter 218 [u.ö.]) ist der Übergang zum industriellen Zeitalter am ehesten vergleichbar mit dem tiefen Bewußtseins- und Gestaltwandel der Menschheit bei ihrem Übergang vom Nomadentum zur Seßhaftigkeit.

Heilsvorstellung (Kapitel II) und eine Zurückführung in ihre geistesgeschichtliche Entwicklung (Kapitel III) versucht werden. Beides soll dem Verstehen der heutigen Heilsfrage dienen. – Obwohl es selbstverständlich sein sollte, mag es gut sein, es eigens zu sagen: Man muß sich die Freiheit bewahren, die Andersartigkeit der heutigen Heilsvorstellungen auch nach ihrer Verlustseite zu befragen. Die Gewinnseite überzeugt leichter. Die Verlustseite nicht sehen zu dürfen (über einen von der öffentlichen Meinung zur Kritik freigegebenen Bereich hinaus: zum Beispiel Institutionen, gesellschaftliche Repressionen, Amtskirche), kann nur aus einem ideologischen Frageverbot kommen, das sicher nicht zu Freiheit und Ganzheit des Menschen führt.

Unter einigen Stichworten sollen Züge der heutigen Heilsvorstellung gesammelt werden; vielleicht deuten sich dabei die Umrisse einer Struktur an.

### *1. Machen*

Es gehört zur Größe und zum Glanz des neuzeitlichen Menschen, daß er unvergleichlich mehr „machen" kann als der Mensch jemals vorher. Die Quantität des „Machens" und des „Gemachten", „Hergestellten" springt ins Auge. Es ist aber nicht nur eine Frage der Quantität, sondern eine der Qualität. Das „Machen" hat eine ganz andere Rolle erhalten in dem, was der Mensch ist und als was er sich versteht. Das Herstellenkönnen steht nicht immer nur im Dienst von Notwendigkeiten des Lebens; es hat Unabhängigkeit und Selbständigkeit erlangt. Das „Machenkönnen" ist das Prinzip und Regulativ des Machens selbst; andere Notwendigkeiten (des Menschen, der vorgegebenen Welt, der sittlichen Verantwortung) müssen sich weitgehend diesem Prinzip unterordnen[2]. Das Schaffen des Menschen hat ungeheure Aussichten, weil keine traditionellen Hindernisse mehr bestehen[3]. Es ist nun nicht nur so (wie es oft dargestellt oder empfunden wird), daß die Abkehr von numinosen Mächten den Menschen die Freiheit zur ungehemmten Produktivität gab, sondern das Umgekehrte gilt auch (und mit dem Fortschreiten der technischen Mittel in steigendem Maße): Die Hinkehr zu dem „Machen" mit seiner Autonomie und

[2] *Picht* (Utopie 22) nennt die Produktion das dritte Grundvermögen der menschlichen Vernunft, neben Theorie und Praxis.
[3] *Krüger,* Grundfragen 5.

seiner Expansion löst den Menschen von den nichttechnischen, überweltlichen Möglichkeiten und Werten. So kann Hans Freyer sagen: Das gegenwärtige Zeitalter „hat in der Technik seine Wahrheit, etwa wie andere Zeitalter in der Religion ihre Wahrheit hatten“[4]. Das Machen absorbiert andere Bereiche. Ethische Fragestellungen werden zurückgedrängt von der Frage, ob etwas machbar sei. Die Machbarkeit enthält weithin die Legitimation in sich[5]. Die Pädagogik richtet sich aus nach einem neuentworfenen Bild vom Menschen und läßt sich nicht selten schon von der Machbarkeit dieses neuen Menschen leiten[6].

Trotzdem bedeutet dieses souveräne Machen, das andere Bereiche in sich aufnimmt, nicht einfachhin Bereicherung des Menschen (sosehr es Anzeichen einer reichen Fähigkeit ist). Von anderer Seite gesehen entleert das Machen in seiner extremen Gestalt den Menschen. Zum Phänotyp der technischen Welt gehört der Lärm, der unruhige Rhythmus des Lebens, die innere Unruhe des Nachlaufens hinter der Schnelligkeit der Produktion, die „Verinnerlichung“ des Getriebenwerdens und der daraus entstehende Drang, tätig zu sein. Stille ist selten geworden; sie wird als Oase, als Lebensraum empfunden, freilich auch als ängstigende Leere, dort, wo sie nur das Fehlen des Geschehens ist.

Das Machen entleert noch auf andere Weise: Es macht einsam. Machen ist einbahnig, es hat keine Korrespondenz[7], wie es andere menschliche Tätigkeiten haben: das Sprechen, jenes Denken, das auf Frage und Antwort des anderen angewiesen ist, selbst das Anbauen von Feldfrüchten ist im Vergleich zur technischen Produktion ein Handeln in Korrespondenz.

Das Machen hat dort, wo es zur Herrschaft kommt, tiefe Veränderungen im Menschen zur Folge. Manche von ihnen werden uns im folgenden begegnen.

---

[4] *Freyer,* Zeitalter 167f.

[5] Naturwissenschaft und Technik führen zum Heil, Freiheit wird gemacht und nicht empfangen, „die Kategorie des Machens ist ethisch grundlegend“ (*H. Bastian* in: Information 185, zit. von *Schulz,* Philosophie 661). Nach *Habermas* (Theorie und Praxis 316) ist die Einheit von Theorie und Praxis die Wahrheit, die herzustellen ist und zugleich oberster Maßstab der Vernunft.

[6] Abgeleitet davon ist die Auffassung, daß die Pädagogik heute vom Gegebenen und Vorgegebenen weg und zum verändernden Entscheiden hinführen soll; *Schulz* (Philosophie 653f.) nach Hartmut v. Hentig.

[7] *Freyer,* Zeitalter 18, 22.

Bedürfnisse werden heute in besonderer Weise geweckt, gestillt, angemeldet. Sie sind Forderungen an eigenes und fremdes Handeln und sind es so sehr, daß sie auf vielen Gebieten für viele Menschen einziger Bezugspunkt des Lebens sind. Sie erscheinen zunächst dem Machen genau entgegengesetzt. Beim Machen geht alles vom Menschen aus; er ist der Mächtige, der sich ausgibt bis zur Entleerung. Das Bedürfnis saugt etwas in den Menschen hinein, als wäre der Mensch der Ohnmächtige, der alles von außen sich zuführen muß. Aber es besteht geheime Verwandtschaft: Nicht das „Etwas", das aus- oder eingeht, ist entscheidend, sondern die Maßstabhaftigkeit des Menschen. Maßgebend ist der Mensch für das Herzustellende, und maßgebend ist er für das Einzufordernde[8].

Die Bedürfnisse werden auch das Regulativ der Ethik. Die Erfüllung physischer Bedürfnisse (Beschaffung von Nahrung, Kleidung, Wohnung) stellt (eventuell neben dem konfliktfreien Zusammenleben) den obersten Zweck menschlichen Handelns dar[9]. Nach Walter Schulz[10] ist die Optimierung der Lebensverhältnisse primäre Forderung der Ethik, die aber als regulative Idee Forderungen an den einzelnen stellt. So soll diese Ethik sich unterscheiden von dem Utilitarismus primitiver und technologischer Art, der – unter Umgehung der Ethik – mehr quantitativ Befriedigungen für die Bedürfnisse sich verschaffen oder in dem Gemeinwesen verteilen will. Das letztere wäre die technologische Konzeption des Utilitarismus im Staatswesen. Der Bezugspunkt des ethischen Handelns (vor dem sich der Mensch verantworten muß, wie wir hinzufügen müssen) ist auch hier der Bedürfnisanspruch der Vielheit der Menschen, nicht irgendeine diesen Verhältnissen und Bedürfnissen überlegene Größe[11]. Auch die „Glücksquelle der ethischen Betätigung selbst"[12] wird nur fließen, solange man bereit ist, die ethische Betätigung in dem leeren Raum jenseits der physischen

[8] „Entschränkte Gelegenheit zur Bedürfnisbefriedigung" durch die „positivistische Rückenfreiheit gegen alle metaphysischen Festlegungen" (*Friese,* Welt 21).

[9] *Schwemmer,* Philosophie der Praxis 220f.; vgl. *Schulz,* Philosophie 646.

[10] *Schulz,* Philosophie 470, 743–747.

[11] Und dies ist so, obwohl nach *Schulz* sich etwas Verpflichtendes (Notwendiges) dem Menschen immer wieder auferlegt (a. a. O. 631 f., 634); es bleibt unreflektiert und kommt somit aus dem Nichts, weil Metaphysik ja nicht mehr sein kann.

[12] *Schulz,* a.a.O. 746.

Bedürfnisse zu befestigen, oder solange einem das Glück der ethischen Selbstzufriedenheit genügt.

Auch auf theologischem Gebiet haben die menschlichen Bedürfnisse eine große und auch maßgebende Bedeutung erhalten. Entscheidende Fortschritte in der Theologie sind mit diesem Blickwandel verbunden. In den zwei Jahrzehnten nach 1945 ist ein starker Impuls von der französischen und auch der deutschen Theologie ausgegangen zu etwas, das man eine „Verinnerlichung der Gnade" nennen könnte[13]. Die Gnade Christi[14] wurde als Antwort auf das tiefgegründete Verlangen des Menschen – das selbst schon gnadenhaft gegeben war[15] – verstanden und somit aus etwas Fremdem, das einem in sich geschlossenen, an Gnade gar nicht interessierten, weil nach ihr nicht verlangenden Menschen angeboten wird, zu etwas innerlich Ersehntem und innerlich Angenommenem. Die Gnade Gottes und Christi wurde als so mächtig empfunden, daß sie nicht als etwas vom Menschen Verschiedenes, sondern tief zu ihm Gehöriges und ihm doch göttlich Überlegenes erschien. Im Zuge der Veränderung der gelebten und reflektierten Anthropologie und des wachsenden Primats der Bedürfnisse des Menschen gegenüber allen sonstigen Instanzen erfuhren die Gnadentheologie und die Christologie eine nochmalige Veränderung. Die Gnade und in der Christologie die Göttlichkeit Christi wurden in der Weise dem Menschen und seinem Verlangen interiorisiert, daß man nur noch mit Mühe Gnade und Gottessohnschaft als etwas sehen kann, das nicht identisch ist mit dem Vermögen, das immer schon und unaufgebbar zur Verfügung des Menschen gehört. Gnade (und ähnlich die Gottessohnschaft) sind spurlos, muß man eigentlich sagen, in dem Vermögen des Menschen aufgegangen. Unter der Hand hat sich auch hier das „Verlangen" des Menschen[16] in die innerweltlichen Fähigkeiten und Bedürfnisse verwandelt[17].

---

[13] Diese Vertiefung der Theologie ist vor allem mit den Namen H. de Lubac und K. Rahner verbunden; vgl. die Darstellung von *K. Rahner,* Natur und Gnade; *Lavalette,* Extrinsezismus; *Lubac,* Mystère; *Muschalek,* Schöpfung und Bund.

[14] Da Jesus Christus *die* Gnade Gottes in Person ist, ist es folgerichtig, daß diese Sicht auch die Christologie modifiziert; vgl. vor allem *Rahner,* Probleme der Christologie; *ders.,* Weihnachtsfeier; *ders.,* Christologie innerhalb einer evolutiven Weltanschauung.

[15] Zumindest ist dies bei K. Rahner sehr deutlich.

[16] Das desiderium videndi Deum von Thomas von Aquin.

[17] Im Kapitel II des Zweiten Teiles soll dieses Problem aufgegriffen und etwas zur Lösung gesagt werden.

## *3. Wahrheit*

Wenn grundlegende Erfahrungen vom Stellenwert des Handelns (als Machen, Herstellen) und der Bedürfnisse sich wandeln, ist zu erwarten, daß sich alle anderen anthropologischen Begriffe wandeln. So auch der Begriff „Wahrheit". Wenn der Mensch sich sowohl als Subjekt des (fast) Alles-Machen-Könnens und als Subjekt der maßgebenden Bedürfnisse erfährt, so daß er selbst die Wirklichkeit ist, nach der sich das Handeln, das aus ihm heraussetzende und das in ihn hereinholende, richten muß, daß also dann die Welt außerhalb seiner selbst „wahr" ist, wenn sie ihm – seinem produktiven und seinem rezeptiven Vermögen – entspricht, dann ist dies ein völlig anderer Wahrheitsbegriff als der herkömmliche[18]. Freilich gibt es daneben und „darunter" noch den traditionellen Wahrheitsbegriff. Nach ihm ist die Wirklichkeit, insoweit sie in *ihrem* Sein dem Menschen vorgegeben ist, das von seiner Erkenntnis Aufzunehmende, das Maß-Gebende, und dies in unbedingter und allgemeingültiger Weise, weil das Unbegrenzte als das allgemeine Sein in allem erfahren wird. Auf Schritt und Tritt läßt sich die stillschweigende Anerkennung *dieser* Wahrheit nachweisen. Trotzdem fällt sie unter das unbefragbare Verdikt, das die aristotelisch-scholastische Denkweise als veraltet erklärt. Die Selbstverständlichkeit dieses Urteils verrät das vitale Interesse an dem Neuen, dem „umgekehrten" Wahrheitsbegriff.

## *4. Ablösung vom Absoluten*

Mit dem Gesagten ist eigentlich schon deutlich, daß sich das Denken vom Absoluten gelöst hat. „Absolutes" gehört nach der herrschenden Meinung ebenso wie „Metaphysik", „Unbedingtheit", „Allgemeingültigkeit" zu den verworfenen, weil durch die geistige Entwicklung

---

[18] „Die Machbarkeit wird als ein neues Kriterium der Wahrheit begriffen" (*Picht*, Struktur 82); von der Wissenschaft des 20. Jahrhunderts sagt Picht (68), sie „wird, mehr oder weniger bewußt, von einem Verständnis oder Unverständnis der Wahrheit beherrscht, durch das sich das Zeitalter, in dem wir leben, von allen früheren Epochen der europäischen Wissenschaftsgeschichte unterscheidet. Deshalb läßt sich die Wissenschaft des 20. Jahrhunderts in den Kategorien der überlieferten Wissenschaftstheorie nicht mehr interpretieren."

überholten Begriffen[19]. Alles Nichtweltliche erscheint irreal; die Realität des Überweltlichen ist verschwunden (Gott wird vielleicht in deistischer Ferne bestehen gelassen, also untätig und eigentlich irreal). Dazu gehört das Phänomen, daß die Fähigkeit und Bereitschaft, sich unbedingt zu etwas zu bekennen, weithin geschwunden ist[20]. So bleibt nur eine der wichtigen Formen, in denen sich das Absolute (wenn es denn *die* Realität geblieben ist) Bahn bricht: im unbedingten Wollen, das seine Unbedingtheit nicht mehr philosophisch reflektieren läßt. Das gilt nicht nur für die alle Bedingungen verachtende kämpferische Ideologie, sondern auch für andere unreflektierte (und unreflektierbare) „Absolutheiten" der Überzeugung: den Stellenwert des Machens in seinem Können und Dürfen, die Normgebung durch die Bedürfnisse, und (wie wir noch sehen werden) die Legitimität des Fortschritts. Das Absolute ist da, aber es ist gewissermaßen im Rücken[21]. Es nötigt und zwingt zu Einstellungen und Handlungen, ohne daß diese Nötigung in den Blick kommen kann. Absolute Nötigung „von hinten" wird dem anzunähern sein, was die Psychologen „Zwangshandlung" nennen. Es ist offenbar etwas anderes, ob man „Mut zum Weltlichen und... Gelassenheit im Weltlichen" daraus gewinnt, daß man „den Kultus sozusagen im Rücken hat"[22], oder ob man von unreflektierten und ungeschauten Absolutheiten getrieben wird.

Ein Denken, das sich vom Absoluten gelöst hat, kann auch für das ganze menschliche Leben und die Welt keinen Sinn mehr angeben. Es gibt nur die relative Sinnhaftigkeit des menschlichen Handelns und der Weltvorgänge, bezogen auf andere Gegebenheiten im Menschen und in der Welt. Was das Ganze aber soll und ob es einen Sinn gibt, der nicht aus der Funktion des einen für das andere, sondern aus sich selbst dem Ganzen Verstehbarkeit gibt: diese Frage kann nicht mehr beant-

---

[19] Das große, außerordentlich instruktive Werk von *W. Schulz*, Philosophie in der veränderten Welt (Pfullingen 1972) berichtet nicht nur über diese Entwicklung, sondern stellt sich in dieser Hinsicht auch ganz hinter sie. Zur fraglosen Überholtheit von Metaphysik nach Schulz vgl. z.B. 337, 470, 633f., 554, 624, 739, 747 u.ö. Es ist schon überraschend, mit welcher Leichtigkeit sich heutige Philosophie wichtigster und schwierigster Fragen entledigt, um sich „konkreteren" Aufgaben der Verbesserung der Lebensverhältnisse zuzuwenden.

[20] Das gilt für unsere sogenannte westliche Welt. Auch die neuen Formen harmloser Bekenntnissymbolik widersprechen dem nicht, sondern weisen eher darauf hin.

[21] *Friese*, Welt 154f.; vgl. auch 158. Vgl. auch oben 62 Anm. 8.

[22] *v. Rad*, Theologie II, 356, s. o. 25f.

wortet werden, wird deshalb auch philosophisch nicht mehr gestellt[23], quillt dafür außerhalb des gelehrten Denkens in der Philosophie des einzelnen und in Literatur und Kunst vehement hervor. Eine große Gleich-Gültigkeit von allem ist eine Folge der Ablösung vom Absoluten. Alles hat gleichen Wert, weil nichts in sich feststeht, alles nur Wert in bezug auf seine Verwertbarkeit hat, wenn nicht jetzt, dann später. So ist alles gleich wichtig und – gleich unwichtig. Diese „Akzentlosigkeit" des menschlichen Tuns[24] muß beängstigende Langeweile mit sich führen.

Auch die Ethik hat sich von jedem Absoluten gelöst. Selbst dort, wo sie für wichtig erachtet und ihr heutiges Schwinden bedauert wird[25], wird die Verbindung von ethischen Prinzipien mit Unbedingtem, Allgemeingültigem, Absolutem verneint, weil es diesen Bereich nicht geben kann[26]. So wehrt man sich gegen die technokratischen Superstrukturen wiederum auf technokratische Weise[27]; was das Jenseits der technokratischen Superstrukturen ist, von dem her man sie überwinden könnte, bleibt vage; auf jeden Fall sind es relative und sich rasch wandelnde Einstellungen, die aus dem Nichts heraus gefordert werden. Damit hat man die grundsätzliche Überlegenheit und Unabhängigkeit von diesen Strukturen aufgegeben.

Eine Erinnerung an die jedes Endliche überschreitende Wirklichkeit macht sich heute noch unter dem Begriff „Transzendenz" geltend. Er findet Beachtung bei dem praktischen Suchen neuer Erfahrungen in Meditation wie bei dem Versuch, philosophisch wie theologisch den Kreis der handfesten Alltagsaufgaben zu überschreiten. Diese sind zwar die vordringlichen Aufgaben; aber indem wir durch sie die Zwänge und Grenzen menschlichen Zusammenlebens abbauen, eröffnen wir uns und den anderen „Transzendenz". Ein Sprengen menschlicher Enge und Unfreiheit kann gewiß „Transzendenz" genannt werden. Wenn man diesen bedeutungsschweren Begriff philosophischer Tradition in diesem völlig anderen Sinn gebraucht, indem man still-

---

23 Vgl. das Werk von *Schulz,* Philosophie.

24 *Friese,* Welt 31.

25 *Schulz,* Philosophie 9f., 630, 647f., 662.

26 So *Schulz* selbst, a.a.O. 739; ethisch bindend ist, was „dem Zeitgeist gemäß in Geltung ist" (ebd.).

27 Vgl. *Schulz* (a.a.O. 651f. u.ö.), der selbst diese Meinung vertritt: „Die Probleme, die hier auftreten, sind Probleme der konkreten Praxis" (651) (wenn auch S. 658 eine anders lautende Auskunft anklingt).

schweigend die eine Transzendenz mit der anderen identifiziert, sucht man den (so notwendigen) gesellschaftspolitischen Aufgaben die philosophische Weihe des Absoluten zu geben. „Transzendenz", die der Mensch durch Ändern menschlicher Verhältnisse herstellt (wenn auch oft mit dem Wort „eröffnen" bezeichnet), ist ein (vielleicht sehr wertvolles) Ergebnis menschlichen Machens. Sie bleibt diesseits des Abgrunds, der menschliches Herstellen von dem unbegrenzten Raum des Nichtherstellbaren trennt, nach dem der Mensch unabweislich verlangt, *gerade weil* es jenseits der Welt der gestaltenden „Techne" liegt und nur als solches Freiheit und Erfüllung verheißen kann.

Die Theologie kann das Absolute nicht verlieren, ohne aufzuhören, Theologie zu sein; so möchte man meinen. Immerhin gibt es das überraschende Phänomen einer Theologie ohne Gott in der „Gott-ist-tot-Theologie"; und es gibt weithin eine Theologie, in der Gott nicht geleugnet und nicht für tot erklärt wird, aber doch nur eine rückversichernde Rolle in theologischen Klammersätzen spielt: Sie sollen das Sprechen von der Weltaufgabe auch noch als theologisches qualifizieren. Man kann aber nur mit Mühe ausmachen, inwiefern Gott ein bestimmender, handelnder und *so* heilschaffender und heilgebender Gott ist.

Auch das Sprechen von Gott im Neutrum kann hierhergehören. Er ist „das Göttliche", das „Unendliche", „das Unverfügbare", „das Unbegreifliche", „das Unnennbare". Diese Weise, von Gott tastend und falsche Objektivierungen abwehrend zu reden, ist notwendige Korrektur eines Begriffes von Gott, der innerweltlicher Götze geworden ist. Dieses Reden *kann* aber auch unter der Hand das Abrücken vom Absoluten signalisieren. Wahrhaft und im vollen Sinn absolut ist nicht „das Göttliche"[28], sondern *der* Gott, der so absolut ist, daß er aller Welt gegenübersteht und nur *so* ihr zutiefst und zuinnerst gegenwärtig ist. Ein Göttliches als „absoluter" Grund der Welt ist sehr bald nur die Umkleidung der Welt selbst mit einem (geliehenen, und darum zerfallenden) Absolutheitscharakter.

---

[28] Das ϑεῖον der Griechen, das vieldeutig war und damit eben nicht Gott und „das Absolute" in Wahrheit sein konnte; vgl. *Löwith,* Gott 20.

Die Welt ist sicher das, was in bisher nie gekannter Weise vor den Augen des Menschen steht und ihm nahe zu sein scheint. Die letzten zwanzig Jahre haben eine Flut von Weltphilosophie und Welttheologie hervorgebracht. Daß sie diesen bedeutenden Platz einnehmen konnte, ist, wie immer wieder (seit Friedrich Gogarten) gezeigt wird, Frucht des christlichen Glaubens, der die Welt von ihren immanenten göttlichen und dämonischen Wesen befreite und sie dem Menschen als Schauplatz und Material seiner Aktivität überantwortete[29]. Wenn auch an den meist sehr einfachen geistesgeschichtlichen Konstruktionen manche Differenzierung anzubringen wäre[30], so ist *ein* Charakterzug des modernen Weltverhältnisses sicher seine Fähigkeit, unbedenklich zugreifen und die Welt gestalten zu können, weil sie entgöttert ist. Die religiöse Scheu, die von der Welt ferngehalten hat, ist geschwunden; der gigantische Zugriff der modernen Naturwissenschaft und Technik zeigt, daß jede Spur von Bedenken und Scheu vor einem etwa sakralen Charakter der Welt geschwunden ist. Alles bestimmt die Zweckmäßigkeit des Machens und die Forderung der Bedürfnisse. Auch dort, wo Bedenken entstehen, ob man hier oder dort oder auf diese Weise die Natur angreifen dürfe, sind sie ganz und gar bestimmt von Zweckmäßigkeitsüberlegungen: ob der Mensch Grünflächen nicht *braucht*, um Abwechslung zu haben, um Erholung, Atemluft zu finden, bis hin zu der Frage, ob es zweckmäßig ist, weiterhin alles das zu machen, nur weil es machbar ist und gewissen Bedürfnissen entgegenkommt, wenn damit der Selbstmord der Menschheit verbunden ist.

Die Welt ist also im 20. Jahrhundert in vielfacher Hinsicht dem Menschen nahe. Sie ist in einer Nähe, die nicht nur Nähe des Werkzeuglichen und des verfügbaren Materials ist (wie fast immer nur gesagt wird), sondern ist Nähe dessen, was man zum Leben in sehr wesentlicher Hinsicht braucht – über alle Lebens-Mittel hinaus –: etwas, von

---

[29] Abgelehnt wird diese geistesgeschichtliche Rückführung von *Schulz*, Philosophie 555 u. 876 Anm. 4. Das Gemeinsame ist aber nicht die *Art* des Subjekts der Geschichte, sondern daß es überhaupt ein Subjekt der Geschichte gibt, das diese als ganze zu einem positiven Ende (als Vollendung) in der Zukunft bringt. Diesen Gedanken gibt es aber nicht außerhalb des jüdisch-christlich bestimmten Denkens. Daß der Unterschied (der Art des Subjektes) auffällt, nicht aber die Gemeinsamkeit (*daß* es ein solches Subjekt überhaupt gibt), zeigt nur, wie selbstverständlich das christliche Erbe geworden ist.

[30] *Thielicke*, Glaube I, 469–492.

dem und für das man lebt. Die Welt hat sich Absolutheitscharakter geliehen, oder besser: ist mit ihm umkleidet worden von dem, der sie entsakralisiert hatte[31]. Unüberhörbar ist der Ton der religiös-hymnischen Rede in vielem, was (vor allem theologisch) über die Welt und die Aufgabe des Menschen in ihr gesagt wird. Es steht in seltsamem Gegensatz zu der proklamierten (und in Wissenschaft und Technik auch praktizierten) Nüchternheit der Weltbeziehung. Freilich ist die neue quasi-religiöse Scheu weniger als Rückzug vor einem sakralen Tabu, etwa dem Mana der Melanesier, der heiligen Kraft in den Dingen, als eher wie eine kultische Hierogamie zu deuten, die in sakraler Umarmung dem Menschen und der Welt zur „Fruchtbarkeit" verhelfen soll. Eine solche neue quasi-religiöse Bindung an die Welt engt den Freiheitsspielraum ihr gegenüber aber wiederum ein.

Die Erschlossenheit der Welt und ihre Nähe (bis hin zur quasi-religiösen Bindung an sie) darf nicht darüber hinwegtäuschen, daß diese Welt durch eben diese Veränderungen tiefer gesehen den Menschen sehr *fremd* geworden ist.

Jede Zivilisierung bedeutet *auch*, sich von der gewachsenen Natur entfernen, von der Natur als uns von außen und innen begegnender *Wirklichkeit*[32]. Durch die Bearbeitung und Gestaltung der Natur schafft der Mensch eine Zwischenzone der Gebilde eigener Hand zwischen sich und der „Welt" (die wir ja in unserem Reden als uns vorgegebene, also uns begegnende Wirklichkeit, also als „Natur" verstehen). Welt als von uns gestaltete ist uns nahe, insoweit sie unser eigenes erstarrtes Handeln ist; sie ist uns aber darin fern, insoweit sie von uns unabhängige (und als *diese* von uns gesuchte und benötigte) Wirklichkeit ist. Wie weit die Entfernung von der Welt als eigener Wirklichkeit und ihre Ersetzung durch eine künstliche Welt von technischen Gebilden und von Kunststoff gediehen ist, braucht nicht beschrieben zu werden.

Dieser Realitätsverlust wiederholt sich auf tieferer Ebene: paradoxerweise in der Wissenschaft (also der ursprünglichen Weise der „Weltbewältigung") selbst. „Die einzig wissenschaftliche Erfassung der Welt beginnt mit der radikalen Bezweiflung ihres Anscheins; sie entsinnlicht die sichtbare Welt, um sie als *res extensa* aus der *res cogi-*

---

[31] Die wie selbstverständliche Lebens- und Weltbejahung des säkularen Menschen offenbart „am stärksten einen Anflug von Frömmigkeit" (*Friese*, Welt 43).
[32] *Freyer*, Zeitalter 47.

*tans* wieder aufzubauen, als eine Welt der mathematischen Naturwissenschaft. Die letzte Konsequenz dieser Methode des Rückgangs auf sich selbst zwecks Auffindung eines rationalen Zugangs zu Gott und zur Welt, ist Eddingtons These, daß der Physiker aus der Natur nur zurückgewinne, was er zuvor in sie hineingelegt habe, welche These Heisenberg als ‚die wesentliche Einsicht der modernen Physik' bezeichnet, deren Neuheit darin bestehe, daß sie wisse, daß sie nicht der Natur als solcher begegne, sondern nur unserer wissenschaftlichen Beziehung zu ihr und also uns selbst".[33]

Auf wiederum ganz anderer Ebene läßt sich ein Realitätsverlust feststellen: dort, wo (über die ganze Welt hin) die revolutionäre Bewegung „radikal" ist und die Dinge und Verhältnisse von Grund auf ändern will. Bezeichnend für diesen Elan ist, daß es nicht eigentlich um eine *Änderung* der (wahrlich veränderungswerten) Verhältnisse geht, sondern um eine Ersetzung des Bisherigen durch etwas ganz Neues. Es fällt auf, daß diese Ersetzung des Alten durch das Neue das Deutlichste ist, das kompromißlos und mit Absolutheit gespeist vorangetrieben wird; recht undeutlich dagegen ist sowohl der angezielte neue Zustand wie vor allem der Blick auf die vorhandene Realität[34]. Das Reale des angezielten Zustands wie noch mehr das Reale des Bestehenden ist merkwürdig entschwunden; fast allein bleibt als Reales die verändernde, besser: umkehrende Dynamik übrig. Dies ist aber gerade nicht Weltrealität (soweit Welt dem handelnden Subjekt gegenübersteht), sondern gehört zum Handeln des Menschen selbst.

Wiederum begegnet uns von dieser Seite her der *Sinnverlust.* Eine Welt, die sehr weitgehend nur noch als Produkt eigener Tätigkeit erfahren wird, hat nur den Sinn in sich, der ihr von den mathematisch-technischen Planern gegeben wird. Es ist eine Sinnhaftigkeit, die der Mensch seinem Werk verleiht. Das Ansich der Welt kann seinen Sinn nicht mehr enthüllen, schon deswegen nicht, weil es kaum mehr ansichtig wird. Schon gar nicht gelingt es der Wirklichkeit, sich so eindringlich und überzeugend darzustellen, daß sie auch ihr Gefüge als

[33] *Löwith,* Gott 23; vgl. auch 22 Anm. 20: „Galilei beschreibt die Welt durch Konstruktion von ‚Gesetzen', und sein Fortschritt über Aristoteles' gesunden Menschenverstand besteht darin, daß er die Welt so beschreibt, wie wir sie *nicht* erfahren! Er widerlegt die Aristotelische Philosophie durch Mathematik. Siehe *F. v. Weizsäcker,* Die Tragweite der Wissenschaft, 1964, und *F. Wagner,* Die Wissenschaft und die gefährdete Welt, 1964, S. 29ff."; und Löwith selbst 20–23.

[34] *H. Buchheim,* Wer ist ein Radikaler, in: FAZ vom 27. 9. 1972.

Sinngefüge zeigen könnte. Somit ist die Aufforderung zur Frage nach umgreifendem Sinn und Wert, über die begrenzte technische Zweckhaftigkeit des Weltmaterials hinaus, nicht mehr zu vernehmen. Daß die Antwort auf diese Frage in einer Erfahrung eines alle Realität umfassenden und tragenden Sinnes dann nicht mehr gegeben werden kann, ist nur noch die Folge. Es mag nicht so abwegig sein, wenn Psychiater und Psychoanalytiker die geistige Grundstruktur unserer Zeit mit der schizoiden Persönlichkeitsstruktur vergleichen[35]. Der tiefgehende Verlust der äußeren und auch der inneren Realität sprechen dafür[36].

## 6. *Menschheit*

Nach Walter Schulz[37] ist der Wille zum Leben, auch und gerade des einzelnen, wie auch das „Prinzip des größten Glücks der größten Zahl"[38] erst in der Neuzeit und vor allem im 19. Jahrhundert voll zur Geltung gekommen. Abgesehen davon, daß „Proklamation"[39] eines Wertes mit Geltung, In-Kraft-Stehen verwechselt wird (erst Zeiten, in denen Werte am Schwinden sind, proklamieren sie), ist die Behauptung, diese Werte seien jetzt erst entdeckt worden, überaus kühn. Richtig ist, daß die Menschheit als Wert, als Ziel der sorgenden Bemühung in ganz neuer Weise etwa seit dem 18. Jahrhundert in den Blick getreten ist. Maßgebend ist aber nicht so sehr der einzelne und sein Recht, wie vielmehr die große Zahl der Menschen, um die es nun geht. Das kann eine Potenzierung der Sorge um *den* Menschen sein; es kann die Unbedingtheit darin sich aussprechen, mit der *jeder* Mensch sein Recht und sein Glück erhalten soll. Somit hat die Rede von dem Menschen als Menschheit etwas durchaus Legitimes. Es ist aber auch etwas anderes geschehen. Geschichtsphilosophien haben immer mit der Menschheit als Kollektiv zu tun[40]. Da sich Sinn immer nur im Ganzen finden läßt, das Ganze aber in der Geschichts*philosophie* (anders als in der Geschichts*theologie*) nur in der jetzt erfahrbaren Welt gefunden

---

35 *Riemann,* Angst 124; *Fromm,* Religion 9; nach ihm wäre das Mittelalter der Hysterie näher.

36 Zu der Spaltung von Gefühl und Ratio beim neuzeitlichen Menschen *v. Rüstow,* Gegenwart III.

37 *Schulz,* Philosophie 740–744. 38 A.a.O. 743. 39 A.a.O. 741, 743.

40 *Löwith,* Weltgeschichte 85.

werden kann, mußte das Bemühen der letzten zweihundert Jahre die Menschheit als ganze in dieser oder jener Weise zum Absoluten werden lassen. Das kann nur, so möchte man zunächst meinen, zum größeren Wohl jedes einzelnen ausschlagen. Je mehr die Intentionen des Menschen von dem Überweltlichen abgezogen werden, desto wirksamer werden sie sich für die Besserung der hiesigen Verhältnisse auswirken. Unter diesem Leitmotiv steht die heutige Rede *gegen* das „Private", „Individuelle", „Innerseelische" und *für* die „Gesellschaft" (wenn auch als noch zu gestaltende), für das „Universale", „Allgemeine", „Öffentliche". Kurz, mehr als der *Mensch* steht die *Menschheit* im Blick. Neben dem Gewinn, der bei dieser Sicht für den einzelnen sich ergibt, weil viele einzelne und Randgruppen so erst in den Blick kommen, darf nicht übersehen werden, daß sehr deutlich diese Akzentverschiebung auch den einzelnen in Gefahr bringt, im Kollektiv unterzugehen. Man braucht nicht einmal an die krasse Form einer Diktatur zu denken. Es besteht ganz von selbst die Gefahr, daß bei der Verachtung des „Privaten" zugunsten des Gesellschaftlichen der Private eben – wirklich verachtet wird. Soziales Engagement braucht Menschen, die im Grunde stark sind, brauchbar sind, die nach Abnahme der (äußeren!) Ketten eine Armee der Kämpfer für die „Sache" der Revolution, der Machtübernahme bilden können. Das Ziel ist die Besserung der Lebensverhältnisse jedes einzelnen; der Weg steht aber noch unter anderem Gesetz und ist lange die maßgebende Realität. Daher müssen die wirklich Schwachen, die Nichtwollenden zurückgelassen oder aussortiert werden[41]. Schwache, Kranke, Alte geraten leicht an den Rand[42], werden – ganz entgegen der ursprünglichen Absicht und

[41] „Feinde" werden liquidiert (manchmal sogar Menschen, die nur nicht leicht genug in die Armee der Weltveränderer eingegliedert werden können, ohne daß sie Feinde wären: die Millionen von Kulaken unter Stalin). „Hier liegt die schwächste und verwundbarste Stelle des Marxismus und Kommunismus: um des Absoluten, in unbestimmter Ferne liegenden Glücks der abstrakten Menschheit willen ist er bereit, nicht nur die Chance zur Verbesserung der Lebensverhältnisse des konkreten, in der Gegenwart lebenden Arbeiters Meier, Müller oder Schulze auszuschlagen, sondern auch, wenn ihm die Situation günstig erscheint, Tausende in revolutionärem Aufstand zu opfern. Hier ist also der Punkt, wo die aus tiefstem Glauben an ‚den Menschen' und aus tiefster Liebe zu ihm entsprungene Idee, für ihn und durch ihn das Paradies auf Erden zu schaffen, umschlägt in den skrupellosen Mißbrauch von Tausenden ..." (*Simon,* Kommunismus 54).

[42] Nötig sei (u. a.) „die drastische Reduzierung des volkskirchlichen Kultgottesdienstes für eine im Abseits der Gesellschaft stehende Gemeinde" (*H.-J. Benedict* in: Konkretionen 5 (1968) 193f., zit. von *Grässer,* Falsch programmierte Theologie 696); vgl. zu die-

Parole – vergessen und zurückgelassen. Die Gnade Gottes aber wendet sich zu dem, der nichts ist; sie geht an „Schwache, Gottlose, Sünder und Feinde“ [43].

Man wird nicht fehlgehen, wenn man auch hier die Gefahr eines Verlustes sieht: die des Menschen, des konkreten, der unendlich (im strengen Sinn) mehr ist als Glied eines Kollektivs [44]. Daß wir in dem personalen Zeitalter leben, in dem das Personsein des Menschen erneut und tiefer als früher beachtet wird, und daß wir überhaupt im Zeitalter der Anthropologie leben, in dem alles auf die Lehre vom Menschen bezogen wird, muß nicht gegen diesen Befund sprechen. Die Entfremdung voneinander und die Ängste voreinander sind gewachsen. Es gibt das wie eine Flut ansteigende Gemeinschaftsbedürfnis junger (und auch nicht mehr so junger) Menschen: Gemeinschaft als auch äußere (aber nicht zu intim personale) Nähe. Manches spricht dafür, daß es eher die große Trockenheit der verdorrenden mitmenschlichen Beziehungen ist, die zu dieser Betonung des Menschen und seiner Beziehungen treibt, als der ruhige, glückliche Besitz und die Entfaltung eines Menschseins, das frühere Zeiten nicht kannten.

## *7. Zukunft*

Als vielleicht das deutlichste Charakteristikum unserer Zeit wird man dieses bezeichnen: die Ausrichtung unseres Denkens und Handelns auf die Zukunft. Auf allen Gebieten, auf denen man sich um den Menschen und seine Situation bemüht, hat die Zukunft den Primat. Auch das wird als bisher nicht erreichte Höhe des Menschseins gefeiert (wenn wir jetzt einmal absehen von dem Zwang, uns um jene Zukunft zu kümmern, die von der tödlichen Bedrohung der Vernichtung der Umwelt des Menschen ausgeht). Und in der Tat ist es die Auszeichnung des wissenschaftlich-technischen Zeitalters, mit der Zukunft schöpferisch umzugehen wie nie zuvor. So hat das Bedenken der Zukunft, wie es scheint, auf allen Gebieten, nicht zuletzt in der Theologie, den unbestrittenen Primat.

---

sem Problem auch *Lehmann*, „Politische Theologie“ 211 f.; *Hengel*, Revolutionär? (Thesen) 695, wonach die Zeloten die Randexistenzen vernichten wollten (vgl. auch 694).

[43] *Bornkamm*, Paulus 150.

[44] Daß er von Grund auf Gemeinschaftswesen ist, sagt nicht, daß er erst von der Vielheit der Individuen seinen Wert und seine Bedeutung erhält.

Es muß aber erlaubt sein, auch hier genauer zuzuschauen, worum es eigentlich geht. Es ist eine besondere Form von Zukunft, die den deutlichen Vorrang hat. Es ist nicht mehr die Zu-kunft, die auf den Menschen „zukommt", sondern eine, die vom Menschen geplant, konstruiert, verwirklicht wird. Freilich läßt sich „Zukunft" im ursprünglichen Sinn nicht abschaffen. Immer noch brechen Ereignisse herein, die man weder geplant noch herbeigeführt hat; und immer wird die Zeit fließen, also – wie im alten Bild des Flusses – auf den Menschen zukommen, ihn umspülen und ihn verlassen. Aber das ist nicht die Zukunft, die heute herrschend ist. Auch diese Begriffsvermischung sollte man durch Unterscheidung beenden. Es geht eindeutig um die Zukunft, die nicht schicksalhaft zu-kommt, sondern die rational-technisch hergestellt wird. „Was Geschichte war, soll nun Plan werden".[45] Es ist tatsächlich der Versuch, Geschichte in ihrem bisherigen Sinn zu beenden und durch anderes (was man jetzt eigentliche Geschichte nennt) zu ersetzen. Die Entscheidung, die freie Tat, die im Planen und Konstruieren wirksam sind, werden als die Wesenselemente der Geschichte angesehen. Und in der Tat gibt es Geschichte ohne sie nicht. Trotzdem ist die Frage, ob es noch der gleiche Begriff „Geschichte" ist, wenn das überindividuelle Geschehen, das der Mensch *erfährt* und nicht herstellt, nur noch als unerheblicher, weil unvermeidlicher Rest fungiert. Der überall anzutreffende Ausfall der Vergangenheit (die ja nur mehr entgegengenommen und nicht mehr geplant und gemacht werden kann) ist ein Hinweis auf den anderen Begriffsinhalt von „Geschichte"[46]. Die Aufklärung hat noch zwischen den sichtbaren Aktionen der Menschen und den verborgenen Kräften und Antrieben der Geschichte unterschieden und somit eine säkularisierte Entsprechung zu dem Walten Gottes in ihr erfahren[47]. Diese Dimension der überindividuellen Notwendigkeit, die der Mensch entgegennehmen muß, wenn er über dem Augenblick stehen und Sinn in der Geschichte finden will, ist uns verlorengegangen.

Die Zukunft (als entworfenes Bild von den Verhältnissen und vom

---

45 *Freyer,* Zeitalter 76.

46 Vergangenheit ist schon seit der Aufklärung als „junges Zeitalter" angesehen worden, dem die Reife und Mündigkeit noch fehlte. Trotzdem bleibt die Vermutung, daß die Überlegenheit des „Alten", auch des Vergangenen, an Erfahrung, an Wissen darum, was das Leben ist, manches von dem heutigen Unmut, dem Ärger und der Angst gegenüber dem (und den) Alten und gegenüber dem „Informationsvorsprung" erklärt.

47 *Löwith,* Weltgeschichte 97f.

Menschen) hat das Wohlergehen aller, gerade auch der Armen und Elenden, zum Inhalt, und hat hier eine nüchterne Gestalt des Praktikablen und dort die überhöhte Gestalt des irdischen Jenseits mit all den eschatologischen Vollkommenheiten biblischer Verheißung. Nur ist das Wesentliche, daß seine Verwirklichung „hier schon auf Erden" geschieht[48], und daß zweitens diese „Erfüllung der biblischen Verheißungen" vom tatkräftigen Handeln des Menschen herbeigeführt wird[49]. Die Überzeugung, daß dies so sein *müsse* (ebenso wie die umfassendere Überzeugung von der Notwendigkeit des *Fortschritts* im Bereich der inneren und äußeren Güter der Menschen), hat etwas Unbedingtes an sich. Es zeigt sich hier wieder (wie bei den früheren Charakteristiken unserer Zeit) das Verfallensein an ein Absolutes, das unbefragbar und unerbittlich, weil unbewußt ist[50].

Es ist aber noch etwas zum Begriff „Zukunft" zu überlegen. Daß unter seiner Herrschaft die Vergangenheit entschwindet, ist schon gesagt worden. Auch die Gegenwart scheint unwichtig geworden zu sein, so daß Hans Freyer von der „Kopflastigkeit" der Geschichte sprechen konnte. Anders betrachtet ergibt sich überraschenderweise, daß nicht Vergangenheit und Gegenwart zugunsten der Zukunft reduziert oder eliminiert werden, sondern eigentlich Zukunft und Vergangenheit in dem Augenblick der Gegenwart zusammenfallen. Wenn Zukunft ganz das Geplante und Gemachte ist, hat sie ihren Sitz eigentlich in der Gegenwart. Vergangenheit ist dann nur interessant, insoweit sie den Gegenwartsaufgaben dient. Dazu paßt, daß Erziehung „Andacht zum Faktischen" wird, weil sie „wesentlich Einweisung in den erreichten

---

48 Zum Beispiel *Moltmann*, Existenzgeschichte 143: Hilfe für die Armen sei „nicht nur christliche Caritas, sondern Beweis der Hoffnung auf die Erlösung des Leibes im Diesseits"; hier und bei anderen Theologen sind offensichtlich Gedanken von Heinrich Heine aufgenommen; vgl. *G. M. Martin*, Wir wollen hier auf Erden schon ... Das Recht auf Glück (Stuttgart 1970) (Einführung von J. Moltmann).

49 Vgl. darüber die Darstellung bei *Berdesinski*, Praxis §§ 1–3.

50 Damit hat auch zu tun, daß solche Überlegungen kaum ruhig vorgetragen werden können, ohne den ständigen Zwang zu verspüren, darauf hinzuweisen, daß mit diesen kritischen Überlegungen *nichts* gegen die brennende Notwendigkeit gesagt ist (sondern eigentlich alle diese Überlegungen etwas Grundlegendes *dafür* sagen wollen), daß Elend beseitigt werden muß, wo man es auch nur kann, und daß hierin zu Recht Kritik an christlichem Verhalten und auch an theologisch-kirchlichen Anschauungen geübt wird. Man fühlt sich genötigt, dies immer wieder zu betonen, obwohl es sich aus allem Gesagten von selbst verstehen müßte; und man sagt es in dem Zweifel, Glauben zu finden, eben weil die Elendsbeseitigungsideologie solch absolute Positionen hat.

Zivilisationszustand (wird), wobei die Gegenwart als Maß von Herkunft und Zukunft genommen wird"[51]. Hier findet eine seltsame Umkehrung statt. Alles soll in der Zukunft liegen: Aufgaben, Sinn, Heil, Gott selbst. Und dennoch ist die Gegenwart entscheidend bestimmend: Das Vorhandene, das zum jetzigen Menschen gehört, auch und gerade als unerfülltes Bedürfnis, ist Ausgangspunkt des Entwurfs der Zukunft. Ein geschichtsphilosophischer Narzismus, der alles vom Ich des jetzigen Menschen her bestimmt und entwirft, und es nicht haben will, daß Zukunft und Vergangenheit wahrhaft auf ihn zukommen. Das erscheint als tödliche Einengung des Lebens (bei aller gigantischen Produktivität), deren revolutionärer Ausgriff auf die Veränderung der gesamten Wirklichkeit von daher etwas Gespenstisches erhält: Anzeichen einer Verzweiflungstat dessen, der auf seinem Existenzpunkt einzufrieren droht?

Aber auch theologisch wird die Zukunft als echte Zukunft im biblischen Sinn abgewertet: nicht dadurch, daß das irdische Leben mehr Aufmerksamkeit erfährt, sondern durch eine wesentliche Änderung in der Einstellung zur Zukunft. Einmal geschieht das durch jene Entmythologisierung der biblischen Botschaft, die die Tat Gottes zurücktreten läßt zugunsten der Selbstexplikation des Menschen und somit die Geschichte durch „Geschichtlichkeit" ersetzt[52]. In einer anderen Weise, die sich ungleich deutlicher von der biblischen Botschaft absetzt und christliche Zukunft als zu erfahrende und zu erleidende eliminiert, wird diese Sicht wirksam überall dort, wo Leiden und Tod als die von Gott in Christus gesetzte Weise, Erfüllung und Heil zu erlangen, außer Kraft gesetzt werden. Das geschieht in verschiedenem Maße[53]. Wenn der Mensch nicht mehr glauben kann (und das gerade in seinem Blick auf die Realität und auf sich selbst), daß das menschliche Leben seine

---

[51] *Maier,* Zwischenrufe 29f.

[52] *Rengstorf,* Auferstehung 16, mit Literaturhinweisen. Wieweit Bultmann selbst von dem Vorwurf betroffen wird, ist eine schwierige und viel verhandelte Frage. Unbestritten ist bei ihm die Souveränität der Tat Gottes gegenüber jedem menschlichen Tun und gegenüber menschlicher Selbstrechtfertigung im Herstellenwollen des Heils; die Tat der Auferweckung Christi ist aber für ihn nur in eingeschränktem Sinn noch „geschichtliche Tat" Gottes.

[53] Extrem bei Peter Weiß zum Tod von Che Guevara:
„Er glich einem vom Kreuz gelösten Christus
ich hasse den Heroismus des Leidens
ich hasse den Mystizismus der Auferstehung..."
(zit. bei *Hengel,* Revolutionär? 36).

„Ganzheit" erst im Durchgang durch den Tod in der voll aufgerichteten Herrschaft Gottes findet, hat er aus dem christlichen Verständnis von Mensch und Welt etwas entfernt, ohne das christlicher Glaube keinen Bestand haben kann. Die Weigerung zur Passio, zum Leiden wird gleichbedeutend mit der Weigerung, das Heil entgegenzunehmen. Ob dafür der Mensch das Heil schaffen kann und so seine Ganzheit selbst verwirklichen kann, ist nicht nur nach dem biblischen Anspruch, sondern auch nach der Skizze der Eigentümlichkeiten der heutigen Welt mehr als fraglich.

Die Verlustseite wurde mehr beachtet als die Gewinnseite. Die letztere ist weitaus bekannter als die andere. Eine Zeit, die die Notwendigkeit der Rundum-Kritik proklamiert, müßte die Bereitschaft aufbringen können, auch liebgewordene Tabus kritisch zu untersuchen. Deutlich dürfte durch die kurzen Überlegungen geworden sein, daß der Mensch der Neuzeit im besonderen Maße darauf eingestellt ist, sich selbst zu verwirklichen. Er selbst in seiner Wirklichkeit ist der Ausgangspunkt und das Ziel des Geschehens, und er selbst ist auch der Ursprung der Kraft, die dieses Geschehen herbeiführt. Ein anderer Ursprung des Heilsgeschehens wird durch die stumme Aussage all der genannten Haltungen angegeben. Das Heil ist entweder welthaft, aus dem Vorgegebenen entspringend, gegeben (das können wir „naturhaft" nennen), oder es ist in der Kunst des Menschen herzustellen begründet (und das nannten wir „technisch" im weiten Sinn). Auffällig war immer wieder, wie unter der Meinung der Weltgewinnung ein Weltverlust sich abzeichnet (wobei Welt im weitesten Sinn gemeint ist), der an der Möglichkeit *dieser* Art von Selbstverwirklichung zweifeln läßt. Vielleicht muß man, wenn man das „naturhaft" gesuchte Heil, wie gezeigt, nicht vorschnell mißversteht, überhaupt von einer großen Gegenwehr sprechen, das Leben entgegenzunehmen.

## III. GEISTESGESCHICHTLICHE ENTWICKLUNG DIESER VORSTELLUNG

Ein Blick auf die biblische Botschaft bringt ohne Analyse unserer Zeit und unserer Einstellungen oft kein Verstehen, und eine Analyse unserer Zeit ist in Gefahr, sehr in die Irre zu gehen, wenn sie nicht im Blick auf vergangene Zeiten geschieht. Manches heute Selbstverständliche ist nach diesem Blick gar nicht mehr selbstverständlich, erscheint oft als Überzeugung sehr jungen Datums (was nicht gegen sie spricht, aber gesehen und verantwortet werden muß); anderes erscheint durch viele Jahrhunderte vorbereitet und kann erst dann, wenn man dieses Werden verfolgt, in seiner Tragweite verstanden werden. Im Blick auf einige große geistige Epochen unserer westlichen Geschichte soll gefragt werden, was sie unter Tun des Menschen verstanden haben, und welche anderen Wirklichkeiten es gab, mit deren Einfluß sie rechneten.

### *1. Das schauende Entgegennehmen der Wirklichkeit*

Griechische Philosophie ist durch das Schauen der Wahrheit gekennzeichnet. Ihr Verständnis von Wahrheit, Wirklichkeit und damit von der Aktivität des Menschen hat die Philosophie von Xenophanes im 6. Jahrhundert in Unteritalien bis Hegel (aber nur bis dahin) geprägt; nach dieser Tradition hat die „reine Theorie" der Philosophie den Vorrang vor der Praxis[1]. In „Theorie" (ϑεωρία) schwingt für den Griechen leise der Bezug zu Gott (ϑεός) mit[2]. Der „Schauende" (ϑεωρός) war der Beschauer oder Zuschauer, der vor allem als Gesandter einer griechischen Stadt bei Tempelkult, Orakel oder Festspiel eines Gottes (zu-)schaute[3]. In der Philosophie seit den Vorsokratikern hat das Schauen einen ausgezeichneten Rang, weil die Wahrheit das Große war, was entgegengenommen werden mußte[4]. Es war das Aufscheinen der eigentlichen Wirklichkeit der Dinge und der Welt, sonst verdeckt und mißkannt, in der Wahrheit der Griechen (ἀ-λήϑεια) un-verborgen. Die „ideelle Wirklichkeit" der Dinge war nicht eine abstrakte über ihnen, zu der man wie zu einem Traumbild flüchtete, sondern innerstes Wesen der Welt, das freilich „hinter" oder „über" der täuschenden sinnlichen Außenseite zu finden war. Diese innerste Mitte der Wirklichkeit beherrschen, sich handelnd unterwer-

[1] *Löwith,* Theorie und Praxis 19.

[2] Diese etymologische Herkunft ist nicht die wahrscheinlichere, galt aber bei den Griechen und hat auch heute noch Vertreter, *Picht,* Theorie und Praxis 128 mit seinen Literaturangaben.

[3] *Boll,* Vita Contemplativa 6f.; *Picht,* Theorie und Praxis 128.

[4] *Krüger,* Grundfragen 73ff.

fen zu wollen, war ein unmöglicher Gedanke. Der Verstand und das Denken waren vor allem Organe des Hinnehmens [5]. Dabei ist aber dieses Vernehmen der eigentlichen Wirklichkeit, des „Logos", nicht mystisches Erfassen der Gottheit in Ekstase (dies erst unter orientalischem Einfluß in später griechischer Zeit) [6], sondern philosophische Schau des Alltags mit ihrer Nüchternheit. „Das Wesen des Menschen ist nach Platon dadurch bestimmt, daß er die Wahrheit zu erkennen vermag, in der die Ideen so erscheinen, wie sie sind". [7]

Es ist für unser pauschales Denken über das vorchristliche Weltverhältnis überraschend, zu erfahren, daß die Bannung der Dämonenbesetzung der Welt und der magischen Gewalten schon sehr früh, und zwar durch die Einführung der Göttermythen durch Homer und Hesiod, vollzogen wurde. Die Welt wurde aus einem Kampfplatz dämonischer Gewalten durch die ordnungstiftenden Götter, an der Spitze Zeus, zu einem Kosmos schöner Ordnung, der den Menschen „einen Spielraum der Freiheit gewährt" [8]. Wir können uns, bestimmt von der Geschichtsauffassung der Aufklärung, nicht mehr vorstellen, daß es, lange vor dem Christentum und erst recht vor dem neuzeitlichen Denken, eine solche freie Welterfahrung gegeben haben soll, in der nicht religiöse Ängste und Begierden Welterfahrung verhinderten, sondern religiöse Erfahrung Freiheit zur Welt und hohe Weltnähe verlieh. Welt wurde, nachdem um sie nicht mehr religiös gekämpft werden mußte, zur schönen Ganzheit, zum „Kosmos" [9].

---

[5] Die φρόνησις ist πάθημα, Widerfahrnis nach Platon (Phaed. 79d); der νοῦς ist θιγγάνειν berühren, anstoßen nach Aristoteles (Met. Θ 10. 1051d24); zit. nach *Krüger*, Grundfragen 86.

[6] *Boll,* Vita Contemplativa 6. [7] *Picht,* Theorie und Praxis 122. [8] A.a.O. 125f.

[9] „Es ist die Art der Griechen, daß die Welt ihnen nicht zerstückt und zerfahren in Einzelteilen begegnet, je nachdem wie das primitive Zweckdenken oder die Sucht des triebhaften Daseins sich angesprochen fühlt. Die wunderbare Gabe war ihnen verliehen, alles im Ganzen und auf das Ganze hin zu sehen. Auch im Gegensätzlichen erlebten sie nicht die Unverträglichkeit des Widerspruches. Sie sahen im Entgegengesetzten vielmehr die zueinandergehörenden Pole, zwischen denen je ein Ganzes schwingt. In der Entzweiung bewies sich ihnen die Einheit der Welt. Und ihre Kraft, ganz zu sein, war so groß, daß die schönste Ganzheit sich ihnen gerade im Gefüge widerstrebender Kräfte aufzubauen schien, so im Bauwerk wie im Bild wie im Gedicht. ‚Harmonie' ist der wundervolle Name für ein solches aus widerstrebenden Kräften zusammengebändigtes Gefüge..." (*W. Schadewaldt,* Sophokles und das Leid [= Potsdamer Vorträge IV] [1947] 30, zit. von *v. Rad,* Theologie I, 424f. Anm. 25). Hierher gehört auch das Wort von *Éliade* (Das Heilige 55), nach dem die vormoderne Haltung nicht „Ablehnung der wirklichen Welt und... Flucht in den Traum" war, sondern „Durst nach dem *Heiligen* und Heimweh nach dem *Sein*".

Durch das „Entgegennehmen" der Tat und der Wahrheit der Götter wurde dem Menschen die Welt zum freien Raum, und er selbst wurde mächtig. Ein solches Leben in der Schau „dürfte wohl machtvoller sein, als dem Menschen entspricht, denn soweit man Mensch ist, kann man so nicht leben, wohl aber, soweit in uns etwas Göttliches waltet. Und ebenso weit wie dieses Göttliche von unserem zusammengesetzten Wesen unterschieden ist, ebenso weit ist auch sein Wirken von jeder anderen Tugend entfernt."[10] Gegenüber der unbezweifelbaren Wirklichkeit des wahrhaft Seienden, das die göttliche Wirklichkeit ist, erfährt sich der Mensch im Blick auf sich selbst nichtig. Die Frage für ihn ist nur, wie er die mächtige Wirklichkeit entgegennehmen könne. In den Zeiten von Skepsis und Relativismus zweifelt der Mensch an seiner Möglichkeit, die Wahrheit der Wirklichkeit entgegenzunehmen, nicht an dem Dasein dieser Wirklichkeit selbst[11].

Die „Theorie" und die „Praxis" waren nach Platon und Aristoteles Lebensformen, zwischen denen man zu wählen hatte. Zum „theoretischen Leben" gelangte man nur durch eine Umkehr, die ein Sterben darstellt[12]. Der Mensch, der sich zum „theoretischen Leben" zurückzieht, tut dies nicht aus Resignation[13] oder Untüchtigkeit, sondern um dadurch um seiner selbst willen da sein zu können und nicht (unmittelbar) für die anderen. Er ist in seiner „Theoria" ein freier Mann, der „Praxis" überlegen, weil er unabhängig von Menschen und Dingen, selbstgenügsam und autark ist[14].

Diese Würde hat die „Theoria" nicht nur von ihrem Gegenstand her, etwa im Gegensatz zu den übrigen Menschen und ihren Aufgaben, sondern ganz und gar im Hinblick auf diese Aufgaben. Von Platon wissen wir, daß er sich schweren Herzens entschloß, aus der aktiven Politik, für die er deutliche Fähigkeiten hatte, herauszugehen, um sich in das „theoretische Leben" zurückzuziehen[15]. Er meinte, es müsse vor der politischen Aktion das bereitet werden, was für sie nötig ist: die Weisheit für die Machthaber. Es ging darum, das Gute im Handeln

---

[10] *Aristoteles,* Nikomach. Ethik 1177 b 26ff., zit. von *Picht,* Theorie und Praxis 128.

[11] *Krüger,* Grundfragen 74.

[12] *Picht,* Theorie und Praxis 117f., 131 u.ö. Immerhin mag an jene „Umkehr" erinnert werden, die als Weg zum Glauben erscheint, Mk 1,15.

[13] Dies erst in der Spätzeit, im Hellenismus; *Boll,* Vita Contemplativa 5f.

[14] *Löwith,* Theorie und Praxis 18; *Aristoteles,* Nikomach. Ethik X (Artemis-Ausgabe 292f.); auch Hegel sah es noch so; *Löwith,* ebd.

[15] *Festugière,* Contemplation 375; *Picht,* Theorie und Praxis 112.

und seine Durchsetzung durch das Leben der philosophischen Schau zu ermöglichen. Die antike „Theoria“ hat sich nicht theoretisch begründet, sondern praktisch, weil sie „eine besondere, ja beinahe übermenschliche Möglichkeit“[16] war, die Aufgaben des Lebens zu erfüllen. Auch darin war wesentlich ihr Vorrang vor der Praxis begründet, daß sie den Menschen instand setzte, für die Polis zu sorgen. So zeigt sich am Ende, daß die griechische „Theoria“ nicht nur passives, untätiges Empfangen der Wahrheit ist, sondern (abgesehen von der immensen Tat der Umkehr) selbst, wie Aristoteles sagt, im höchsten Grade Handeln ist. In ihr wird in Gedanken aufgebaut, was nach außen hin Gestalt werden soll[17].

## 2. *Geschichtliche Erlösung und Tat des Glaubens*

Der Eintritt des christlichen Glaubens in die Welt hat (in Aufnahme und Vollendung der jüdischen Geschichtstheologie[18]) geschichtliches Denken eröffnet. Das Heil, die Ganzheit des Menschen, wird nun nicht mehr durch die Schau der zeitlosen Wahrheit erreicht, sondern ist in einer geschichtlichen Tat Gottes dem Menschen mitgeteilt: in seinem Sohne Jesus Christus. Damit sind noch eindeutiger als in Israel Vergangenheit, Gegenwart und Zukunft zueinander in Beziehung gebracht: Durch ein Geschehen der Vergangenheit (Tod und Auferstehung Jesu Christi) ist die Gegenwart von Grund auf bestimmt und eine neue, vorher unausdenkbare Zukunft geschaffen. Da diese real in Jesus Christus „da ist“, ist sie nicht einfachhin ausständig oder noch offen; Zukunft ist nur noch Offenbarwerden der neuen Wirklichkeit der Gegenwart. Somit ist mit der Eröffnung von Geschichte diese sofort auch beendet (aber auch bewahrt). Etwas entscheidend Neues kann nicht mehr geschehen. Alle noch so eindrucksvollen Ereignisse der Weltgeschichte sind Kampf um die schon anwesende Wirklichkeit der Zukunft (wenn sie nicht belanglose Spiegelfechtereien sind). So sieht es die neutestamentliche Botschaft, und zwar nicht nur wegen ihrer zeitbedingten Naherwartung. Diese Sicht der Geschichte ist zu tief in der Mitte der Botschaft Jesu und der Urgemeinde begründet.

---

[16] *Löwith,* Theorie und Praxis 18.
[17] *Boll,* Vita Contemplativa 7.
[18] Zu ihrer differenzierten Gestalt vgl. *Berdesinski,* Praxis §§ 2 u. 7.

So konnte Johannes Weiß 1892 im Widerspruch zu der liberalen Reich-Gottes-Auslegung sagen: Für Jesus ist die Welt „alt geworden, und alle menschliche Arbeit kann wirklich Gutes, Bleibendes auf ihr nicht mehr schaffen“[19]. Dieser Blick auf die Welt und auf die Möglichkeiten des Menschen ist aber umfangen von dem enthusiastischen Wissen des Glaubenden, daß Gott gehandelt hat und der Mensch dadurch zur hohen Tat der Freiheit und damit zur Ganzheit seines Lebens befähigt ist.

### *3. Menschliches Schaffen als Übernahme göttlichen Schaffens*

Im Laufe der theologischen Auslegung von Mensch und Welt wurde es deutlich, welche Veränderung im Verständnis der göttlichen und menschlichen Wirklichkeit durch die jüdisch-christliche Überlieferung eingetreten war. Die griechische Beziehung zur Wirklichkeit war bestimmt, wie wir sahen, vom schauenden Engegennehmen der eigentlichen, ewigen Wirklichkeit in ihrer Unverborgenheit, also in ihrer Wahrheit. Das war die Entgegennahme des Göttlichen, das den Menschen sich selbst und die Polis gestalten ließ, wie ein Maler, der im ständigen Hinblicken auf das göttliche Urbild die Gestalt auf die Leinwand bringt[20].

In der christlichen Schöpfungsmetaphysik wird die Einheit von göttlich-ewiger Natur und der Wahrheit, die das Offenbarwerden dieser letzten göttlichen Wirklichkeit ist, aufgelöst[21]. Die letzte Wirklich-

---

[19] Zitiert von *Schmithals* (Weltlichkeit 315), und er meint selbst, „das Urteil von J. Weiß bleibt unwiderlegt und unwiderlegbar“. Für moderne Ohren sind es zwei unerträgliche Worte; und doch sollte man sich fragen (und wir tun es eigentlich dauernd), ob nicht erst mit dieser wissenden (und gar nicht resignierten) Distanz von utopischen Erwartungen dem Menschen mehr Erfüllung und der Welt manches Gute erst gegeben werden kann, das sonst nicht erreichbar ist. Wem die zitierten Urteile unerträglich pessimistisch erscheinen, lese das Urteil von *Schulz,* Philosophie 633 (der eine Philosophie entwirft, die ihren Sinn in der „Optimierung der Lebensverhältnisse“ hat): „... wir werden es nie fertigbringen, dem Bösen, das die Geschichte von Anfang an durchwaltet, ein Ende zu bereiten. Diese Einsicht nicht zu verdrängen und dennoch so zu handeln, als ob eine bessere Menschheit eines Tages Wirklichkeit würde, dies ist die Paradoxie, der alle Ethik untersteht.“ Und in der Übernahme eines Wortes von Albert Schweitzer: „Resignation ist die Halle, durch die wir in die Ethik eintreten.“ Nähe und Distanz zu den oben zitierten Urteilen über die Welt sind deutlich.

[20] So *Platon* im „Staat“, nach *Picht,* Theorie und Praxis 121f.

[21] Zum folgenden vgl. den ausgezeichneten Artikel von *Gawlick,* Wahrheit.

keit der Welt ist ebenso geschaffen wie der Mensch; beide Wirklichkeiten haben in Gott, dem Schöpfer, ihren Ursprung und ihre Einheit; durch ihr Geschaffensein sind Welt und Mensch teleologisch aufeinander bezogen. Der Mensch gewinnt dadurch eine Mittelstellung: auf der einen Seite Gott, der *die* Wirklichkeit und damit die schaffende (nicht nur unverhüllt erscheinende) Wahrheit ist; auf der anderen Seite jene Wirklichkeit, die ebenfalls Wahrheit „an sich" hat, wenn auch von Gott gegeben: die Welt als Schöpfung. Dies sind die beiden (wenn auch sehr verschiedenen) Seinswahrheiten. Der Mensch in der Mitte hat die Fähigkeit, Wahrheit durch die Vernunft aufzunehmen und im Urteil auszusagen: die logische Wahrheit[22].

Aus dieser neuen Mittelstellung des Menschen folgt sehr viel. Sie ist zunächst eine Ermächtigung des Menschen, zu handeln und Wirklichkeit zu gestalten. Der Schöpfungsglaube hat nicht nur die Welt in einer neuen Weise zum Feld menschlicher Tätigkeit gemacht, sondern hat den Menschen neu zum handelnden Subjekt werden lassen. Die vorchristliche Erfahrung vom Menschen ohne das Wissen um sein Geschaffensein ist geprägt vom Herkommen aus der dunklen Nichtigkeit. Sich-geschaffen-Wissen bedeutet einmal Demut vor dem Schöpfer, zum anderen aber Wissen um das Herkommen aus einer unendlichen mächtigen Tat und Partizipation an ihr. Theologie und Kultur des Mittelalters beweisen das und lassen Denkschemata der letzten zweihundert Jahre von Unmündigkeit durch Abhängigkeit von Gott als viel zu einfach erscheinen. Deutlichen Ausdruck findet das Schaffen des Menschen als Übernahme göttlichen Schaffens in der mittelalterlichen Kultur und Kunst. Ihre Größe bestand darin, daß „die Kirche der Welt die Überlegenheit eines überweltlichen Glaubens nahebrachte", und ihn in dem ausdrückte, was die Welt besaß[23]. Es war ein besonderes Schaffen: die Weltdinge wurden bearbeitet, gestaltet, sublimiert, um durch dieses Arbeiten an der Welt das göttliche Schaffen in seiner Transzendenz durchscheinen zu lassen. Wahrscheinlich muß man sagen, daß damit eine sublime Einheit von göttlichem und menschlichem Schaffen erreicht war, die zu großen Werken befähigte[24], aber als diese sublime Einheit gefährdet war und nicht lange

[22] Vorbereitet wurde diese Sicht durch Aristoteles, für den der eigentliche Ort der Wahrheit das Urteil war.

[23] *Löwith,* Weltgeschichte 36 über Jacob Burckhardt.

[24] Die Frage, warum dieses Schaffen den gesellschaftlichen Bereich nicht besser gestal-

Bestand hatte. Sie hat aber etwas Vorbildhaftes an sich. Menschliches und göttliches Handeln werden nur dann nicht in Konkurrenz zueinander treten (mit allen Folgen des Unwirklichwerdens Gottes *und* der Pervertierung menschlichen Handelns), wenn das Handeln Gottes im irdischen Handeln des Menschen dargestellt werden kann.

Zu dieser Weise des darstellenden Handelns des Menschen gehört das Wissen um das Geheimnis der Dinge. Ihr Wesen ist nur dem Schöpfer offen; der Mensch hat keinen Zugang zur „nackten Wahrheit" der Dinge[25]. Das scheint Ferne zu den Dingen zu besagen. Die Neuzeit greift ausdrücklich nach dieser „nackten Wahrheit" und läßt keinen Vorbehalt der Schöpfungstat, die den Dingen Geheimnis verleiht, zu. Der Schein von mittelalterlicher Ferne und neuzeitlicher Nähe zu dem Wesen der Dinge trügt: In Wirklichkeit sind der Neuzeit die Dinge in ihrem Wesen ferngerückt[26]; Wissen um das Geheimnis der geschaffenen Welt ist die Weise, ihr selbst nahe zu sein.

Es gibt aber noch andere Linien in der mittelalterlichen Auffassung von Wirklichkeit und Wahrheit. Es beginnt im Spätmittelalter sichtbar zu werden, daß die Einheit von göttlichem und menschlichem Schaffen zerbricht. Im Nominalismus rückt Gott in der Unerkennbarkeit seines Wesens und seines Schaffens in die Ferne; gleichlaufend damit wird die Welt nicht mehr sinnhaft strukturiert und auf den Menschen hinbezogen erfahren. Der Mensch weiß sich aber weiterhin als (geschaffener) Teilhaber an der Vernunft Gottes, die im Nominalismus und schon bei Skotus vor allem als Wille Gottes erscheint. Der Mensch findet sich somit mit seinem tätigen Willen vor einer ihm nicht sinnhaft offenen und ihn bergenden, sondern seine Gestaltungskraft herausfordernden Welt vor: die Weltbewältigung durch den Menschen als Subjekt der absoluten Freiheit beginnt[27]. Bisher war der göttliche Verstand Maß und Norm der Dinge, indem er sie erkennend schafft; die Dinge waren Maß und Norm des menschlichen Verstandes, der sich ihnen erkennend angleicht. Jetzt ist diese Mittelstellung des Menschen nicht mehr deutlich. Für Nikolaus von Kues ist der menschliche Verstand

---

tete, ist für uns vordringlich oder die einzige, und ist nicht leicht zu beantworten. Zumindest soll man sich den Blick wahren für andere Bereiche menschlichen Gestaltens, die alle auf ihre Weise den Menschen halfen, Mensch zu sein.

[25] *Gawlick*, Wahrheit 1523f.

[26] Siehe o. 69f., Zitat von *Löwith-Heisenberg*.

[27] *Picht*, Theorie und Praxis 137; *Gawlick*, Wahrheit 1521f.

auch als erkennender (und nicht nur als praktisch gestaltender wie bei Thomas von Aquin) ein maßgebender[28]; der Mensch findet am meisten Wahrheit und Gewißheit in den Gegenständen, die er selbst hervorbringt, im künstlerisch-technischen Gestalten; die Mathematik ist folgerichtig das Ideal der Erkenntnis und besitzt höchste Gewißheit, weil sie ganz dem menschlichen Verstand entspringt; der Mensch ist „zweiter Gott" (secundus Deus), weil er – wie Gott – Wirklichkeit und Wahrheit setzt[29].

Lange vor Decartes, Vico und dem Deutschen Idealismus beginnt sich der Mensch als absolutes Subjekt zu begreifen, als eines, das nicht nachgestaltet, sondern ursprünglich (wie Gott, später: als Gott) Wirklichkeit und Wahrheit setzt[30]. Die Herkunft aus dem christlichen Gottesbewußtsein ist deutlich; in dem vorchristlichen Raum wäre eine solche Auffassung undenkbar. Sie ist im Spätmittelalter und in der beginnenden Neuzeit noch gehalten vom Wissen um den Ursprung menschlicher Aktivität: Der Mensch ist zurückgehalten vom bedenkenlosen Zugriff auf die Wirklichkeit, anderseits aber dadurch ermächtigt, der Welt in einem wesentlichen Sinne näher zu sein als spätere Zeiten.

Noch in einer anderen Weise zeichnet sich im Mittelalter der Umschlag vom geschöpflichen Schaffen zum quasi-göttlichen Schaffen (*innerhalb* des Bewußtseins von der Übernahme des Schaffens Gottes) ab. Die Kirche als Institution gewinnt eine ausgeprägte Gestalt. Sie übernimmt Funktionen, die einerseits kulturell-erzieherischer Art sind (Bildung, Kunst, Wissenschaft, öffentliche Meinung, religiöse und menschliche Erziehung), anderseits aber in enger Nähe (zumindest) zu dem Absolutheitscharakter der Heilstat Gottes in Christus sich finden, den die Kirche zu vertreten hat. An einem Punkt kann dies deutlich werden. Seit den Sentenzenkommentaren des Mittelalters wird die Lehre von der „Rechtfertigung" innerhalb der Lehre vom kirchlichen Bußsakrament behandelt (mit dem germanisch-irischen Erbe der Vorstellung von Gerechtigkeit und Verdienst in der Buße)[31]. Das Verhältnis zu dem rechtfertigenden und heilgebenden Gott, von dem wir sahen, daß es die Freiheit und Unabhängigkeit des Menschen begründet,

[28] Er leitet mens von mensurare ab; *Gawlick,* a.a.O. 1520.

[29] *Gawlick,* a.a.O. 1522.

[30] „Bewahrheiten" im Sinn von „Wahrheit schaffen" hat also eine lange Vorgeschichte.

[31] *Auer,* Rechtfertigung 1039.

läuft Gefahr, identisch zu werden mit der religiösen Institution der Kirche, die die „Gnade verwaltet". Wegbereitend dafür ist die Angewiesenheit der damaligen Menschen auf die kulturelle Erziehung durch die klerikalen Bildungsträger. Christlicher Glaube ist zum Massenerziehungsmittel geworden, mit dem Gewinn für die Bildung der Menschen, in Gefährdung aber auch der unvertretbaren Gottunmittelbarkeit jenes Empfangens des Heils, das nicht (wie menschliche Erziehung) erst Abhängigkeiten schaffen muß (in denen menschliche Erziehung ja oft genug steckenbleibt), sondern als solches innere Unabhängigkeit und Freiheit gibt[32]. Gottes Tat am Menschen wurde durch Jahrhunderte hindurch recht geradlinig übersetzt in das Handeln der Kirche und verlor somit oft seine Kraft[33]. Mit den Ausläufern einer solchen Amtskirche haben wir es auch heute noch zu tun: mit einer Institution, die versucht ist, für alles und jedes im menschlichen Leben (für sein Heil auch in der welthaften Gestalt) sich zuständig zu fühlen.

### *4. Philosophische Subjektivität und methodisches Verändern der Wirklichkeit*

Die neuzeitliche Philosophie und Wissenschaft ist bestimmt von dem Gedanken des weltlichen Hervorbringens des göttlichen Wirkens[34], auch wenn dieses ursprüngliche Motiv der neuzeitlichen Wissenschaft bald verlorenging. Die griechische „Theoria" war, wie wir sahen, aus einer engen Hinordnung auf die Praxis entstanden. Dennoch vermochte sie noch nicht, sich als Partizipation an einem göttlichen Schaf-

---

[32] Zu diesem Wesensunterschied zwischen Abhängigkeit von Menschen und von Gott vgl. unten 104f.

[33] *Friese* (Welt 160) versteht dies als Absolutsetzen der Institutionen und als Hereinziehen des Transzendenten in die Welt. Auffällig ist auch das Wiederaufleben der Dämonenfurcht nach der Jahrtausendwende (*Merzbacher*, Hexenprozeß 317); ist der Verlust der gläubigen und theologischen Überlegenheit über Dämonen auch im Zusammenhang zu sehen mit dem Hineinziehen des absoluten Heiles in die Welt?

[34] Das göttliche Schaffen angemessen im menschlichen Schaffen darzustellen ist „das treibende Motiv des neuzeitlichen Denkens bis zur transzendentalen Metaphysik des Deutschen Idealismus hin" (*Schulz*, Reflexion 24f.); „Hegels Grundsatz von der weltlichen Hervorbringung des christlichen Prinzips ‚in Gestalt der menschlichen Vernunft und Freiheit' ist allen Geschichtsphilosophien der Aufklärung gemeinsam" (*Löwith*, Weltgeschichte 62).

fen angemessen im menschlichen Handeln darzustellen. Das Göttliche konnte nicht als schaffendes erfahren werden. Erst aus der christlichen Schöpfungstheologie, voll erst im Mittelalter, gelang diese neue aktive Partizipation an dem göttlichen Schaffen. Eine Frucht der Erfahrung der Abhängigkeit der menschlichen Wirklichkeit von der göttlichen war die Abwendung von der Welt, um die Einkehr ins Ich in der Selbstreflexion zu vollziehen, die den Weg zu Gott offenhalten sollte. Über den Ursprung der Selbstreflexion der neuzeitlichen Philosophie schreibt F. W. J. Schelling: „Der Idealismus gehört ganz der neuen Welt an und braucht es keinen Hehl zu haben, daß ihm das Christentum die zuvor geschlossene Pforte aufgetan".[35] Diesen Ursprung muß man sich vor Augen halten, um nicht die wahrhaft dialektischen Prozesse zu verkennen, die sich in dem neuzeitlichen Verständnis von der Aktivität des Menschen und Gottes finden: Auf-sich-geworfen-Sein in der Selbstreflexion aus der Kraft der Bindung an Gott heraus auf der einen Seite; damit zusammenhängend Griff nach der Welt in der neuen Wissenschaft auf der anderen Seite (was dann immer mehr in eine eigentümliche Ferne von der Welt, bei aller „Nähe", hineinführt).

In der neuzeitlichen Subjektivität, deren Beginn am deutlichsten Descartes markiert, ist das Selbstbewußtsein der *Ort der Wahrheit,* der Unabhängigkeit von Umwelt, ja in gewissem Sinn auch von Gott (sosehr diese Rückkehr ins Ich an die augustinische Tradition des Gottsuchens anknüpft[36] und sosehr Descartes an Offenbarung und Lehre der katholischen Kirche in seltsamer Spannung zu seiner Philosophie festhielt). Mehr noch: Das Ich ist der *Ausgangspunkt* der Erkenntnis, weil die eindeutigste und unausweichlichste Erkenntnis die Mathematik ist, diese aber wie keine andere geistige Erkenntnisweise vom denkenden Subjekt selbst ausgeht und *als solche* nicht in den Dingen gefunden wird. Für Descartes ist der Felsboden der Erkenntnis die Erfahrung des denkenden (oder auch zweifelnden) Ich: cogito, ergo sum; dubito, ergo sum. Das Fundament der Erkenntnis hat also der Mensch nur bei sich selbst; nicht das andere, die Welt, ist die Basis seiner Erkenntnis und seiner Wahrheit. Tradition und Übereinstimmung der Meinungen sind als Erkenntnisquelle abgeschafft. Es gibt nur die Intuition (die unmittelbare Evidenz des Selbst-

---

35 *F. W. J. Schelling,* Werke V, 649, zit. nach *Löwith,* Gott 28 Anm. 9.
36 *Löwith,* Gott 26f.; vgl. aber 37f.

bewußtseins) und die Deduktion (die mathematisch-strenge Ableitung von den unmittelbaren Wahrheiten). Seinen Wert erhält das Wissen nicht mehr vom Gegenstand, sondern von dem Grad der Gewißheit, also von dem Grad der Möglichkeit, die Erkenntnis auf die Helle des Bewußtseins zurückzuführen[37]. Damit sind aber nicht nur der Ort der Erkenntnis und ihr Ausgangspunkt in das Ich hineinverlegt, sondern es findet eine bezeichnende Umkehr statt. Wahrheit wird nicht mehr so sehr entgegengenommen als in der aktiven Subjektivität des Menschen gefunden. Wahr ist etwas nicht deswegen, weil es von Gott geschaffen ist, sondern weil der Mensch es hervorbringen könnte[38]. Deshalb hat die Mathematik die höchste Gewißheit (wie schon bei Nikolaus von Kues), und Wissenschaft wird zu dem Wissen um das Hervorbringenkönnen. Descartes erfährt den Menschen (anders als Augustinus) als „Herrn und Besitzer der Erde“[39]. Die Technik als konkrete Gestalt der Wissenschaft ist bei Descartes vorbereitet.

Eine wichtige Gestalt auf dem Weg zu einem neuen Wahrheitsbegriff ist Vico. Auch nach ihm ist die Mathematik (ganz anders als in der Antike) das vom Menschen Gemachte und hat somit, wie alles vom Menschen Hervorgebrachte, höchsten Wahrheits- und Gewißheitswert. So ist für ihn gerade die Geschichte hell und gewiß, weil sie vom Menschen gemacht ist, während die Natur dunkel und unzugänglich ist, weil sie nicht vom Menschen, sondern eben von Gott gemacht ist[40]. „Das Wahre oder *verum* bemißt sich an dem Geschaffenen“.[41] Das meint aber, daß das Wahre nicht vom Geschaffenen (das gegeben wäre) entgegengenommen wird, sondern *als* dieses gesetzt und hervorgebracht wird[42].

---

[37] Bei Thomas von Aquin war die Würde der Erkenntnis noch bestimmt von der Würde des Gegenstands der Erkenntnis: Weil es in der fides die Veritas Prima war, die Gegenstand der Erkenntnis bildete, stand diese Erkenntnis, trotz ihrer geringen Gewißheit und Eindeutigkeit vom Subjekt her, hoch über allen anderen Erkenntnissen, auch in ihrer certitudo von diesem Objekt her (ScG III c. 40; Sth I q. 1 a. 5 ad 1; II II q. 4 a. 8 c). So bringt es Thomas fertig, in Aufnahme griechischer Tradition, zu sagen: „Das Geringste, was man an Erkenntnis der höchsten Dinge haben kann, ist erstrebenswerter als die höchste Gewißheit (certissima cognitio), die man von den geringsten Dingen hat“ (Sth I q. 1 a. 5 ad 1).

[38] *Gawlick,* Wahrheit 1522.

[39] *Löwith,* Gott 37 mit Anm. 28.

[40] *Löwith,* Weltgeschichte 111–118. [41] *Löwith,* a.a.O. 112.

[42] „Veri criterium est id ipsum fecisse“ (nach *Löwith,* verum 9). Vico ist somit in der 1. Hälfte des 18. Jahrhunderts ein Vorläufer der modernen „Bewahrheitungsthese“, von der oben die Rede war.

In Galilei zeigt sich der Denktypus, der Theorie und Praxis in neuer Weise zueinander in Beziehung bringt. Denken und Leben sind, anders als im Mittelalter, nicht mehr getrennt, sondern eins. Das eine muß sich am anderen bewähren[43]. Wir sind geneigt, das nur als Fortschritt anzusehen (und offenbaren damit, daß wir eindeutig in *dieser* Tradition stehen). Immerhin ist zu bedenken, daß die Spannungseinheit von Theorie und Praxis, die es in der griechischen Philosophie und anders im Mittelalter gab, nicht Beziehungslosigkeit bedeutete, sondern nur die Eigenständigkeit jedes dieser Bereiche wahrte. Daß dieses Zusammenfallen von Theorie und Praxis neben der geballten Dynamik wissenschaftlich-technischer Entwicklung auch Verkürzung des Menschlichen vorbereitete, findet ein zweifaches Signal. Einmal ist es die Unsinnigkeit eines risikoreichen Bekenntnisses, wenn es um Dinge in dieser Einheit von Theorie und Praxis geht[44]. Zum anderen ist es die eigentümliche Ferne von der Welt, obwohl alles durch Galileis Fernrohr und die Naturwissenschaft erst nahegebracht zu sein scheint. Von dem Urteil heutiger Naturwissenschaftler in bezug auf Weltnähe und Weltferne war schon die Rede. Die eigentümliche Ferne hat aber dort schon ihren Ursprung, wo die Welt sich nicht mehr so zeigen darf, wie sie den Menschen erscheint. Das naturwissenschaftlich berechnete Ansich der Welt ist nicht das Ansich, das der Mensch unmittelbar erfährt[45] und von dem er leben kann.

Aber darauf, so könnte man meinen, kann man allenfalls verzichten, und sich zunehmend daran gewöhnen, die Welt naturwissenschaftlich zu sehen, sie nur noch denkend zu sehen und also *zu wissen*, daß nicht die Sonne auf- und untergeht, sondern daß die Erde sich um sie dreht[46]. Noch gravierender ist, daß in einer tieferen Weise der Verlust von Welt droht. Beherrschend und maßgebend ist das Faktische geworden; bei Galilei ist es dies, *daß* es diese Planeten gibt. Sinnlos erscheint von jetzt an die Frage, welche *Bedeutung* dieses Faktum für den Menschen hat. Neuzeitliches Weltverhältnis hat in eigentümlicher Weise die Welt freigesetzt und das Handeln des Menschen an ihr. Das ist geschehen,

43 *Cassirer,* Exakte Wissenschaft 55.

44 Vgl. zum Bekennen bei Galilei: *Muschalek,* Glaubensgewißheit 39 mit Anm. 55.

45 *Löwith,* Gott 20f.; *Heisenberg* in seiner Rede bei der Entgegennahme des Guardini-Preises, veröffentlicht in der FAZ vom 24. 3. 1973.

46 Obwohl genauer untersucht werden müßte, welche Veränderungen im Menschen es mit bringt, wenn er auf Welt*erfahrung* dieser Art verzichten soll.

obwohl die Neuzeit durch den Rückzug in die Subjektivität gekennzeichnet ist. Richtiger muß man das eine mit dem anderen dialektisch in Verbindung bringen. So ist dann die paradoxe Lage gegeben, daß wir einerseits von einer Maßstabhaftigkeit der menschlichen Bedürfnisse sprechen mußten und auf der anderen Seite von der Herrschaft des Faktischen, das deshalb gesucht, anerkannt, in Wirkung gesetzt und als Maßstab proklamiert wird, *weil* es Faktum ist. Diese Vorherrschaft des Faktischen und damit der Gegenwart ist uns in der Überlegung begegnet, welchen Stellenwert heute die Gegenwart im Vergleich zu Vergangenheit und Zukunft hat.

Die reale, „faktische", vom Menschen unabhängige Welt bleibt uns dann in ihrer Welthaftigkeit erhalten, wenn Theorie und Praxis nicht zusammenfallen, sondern in einer spannungsvollen Beziehung zueinander stehen, die jedem von beiden Eigengesetzlichkeit läßt. Freilich ist, gerade im Blick auf die Geschichte, sehr zu fragen, ob dies möglich bleibt, wenn „Theorie" nicht mehr ihren eigenen, dem menschlichen Handeln nicht zugänglichen Raum behält, den Raum der geschauten ewigen Wahrheit (bei den Griechen) beziehungsweise den Raum der geglaubten und erfahrenen Wirklichkeit Gottes mit seinem Handeln (christliche Schöpfungstheologie). Auf welchem Wege das in der Neuzeit gewonnene Selbstbewußtsein des Menschen bewahrt werden kann vor seiner Selbstaufgabe, muß uns im Zweiten Teil unserer Untersuchung beschäftigen.

### *5. Die Selbstverwirklichung des absoluten Geistes*

Unter diesem Stichwort soll nicht allein der Deutsche Idealismus mit seinem Verständnis von dem Vollzug des Menschen und dem Vollzug des Absoluten dargestellt werden, sondern es sollen größere Zusammenhänge gesucht werden, Linien, die durch verschiedene Philosophien hindurchgehen und die bei aller Verschiedenheit, welche die Philosophiegeschichte mit Recht herausheben muß, doch Kontinuität verraten. Zu diesem Vorhaben ist zuerst noch ein Innehalten mit einer Rückschau und einer Vorschau nötig.

Wir sagten, daß der Schöpfungsglaube ein Auseinandertreten von Mensch und Welt ermöglichte. Nicht nur wurde, was meist allein betont wird, die Welt „entgöttlicht" und damit zur Bearbeitung freigegeben (sowenig man den naturwissenschaftlich-technischen und dann den sozial-revolutionären Zugriff auf die Welt allein daraus erklären darf); es wurde auch der Mensch in neuer Weise in sein Subjektsein eingesetzt. Wir sahen das (im Anschluß an G. Gawlick) verdichtet in der neuen Stellung des Menschen zur Wahrheit: Er steht in der Mitte zwischen den zwei „Seinswahrheiten", der Gottes und der der Welt. Diese neue Position des Menschen hat in zweifacher Hinsicht außerordentlichen Reichtum ermöglicht: den unerhörten Reichtum der Veränderung der Welt, aber auch den ebenso unerhörten Reichtum des Selbstbewußtseins des Menschen, der die Autonomie des Ich entdeckt. Somit ist von der christlichen Schöpfungstheologie, vor allem vom Mittelalter an, ein Auseinandertreten von Welt und Mensch zu beobachten, das in Spannung gehalten wird durch den Glauben an den Einheit-in-Verschiedenheit stiftenden Schöpfungsakt Gottes. Diese Spannung trug aber die Gefahr der Auflösung in sich; das Auseinandertreten drohte zum Zerfallen zu werden. Der Absolutheitsanspruch des denkenden Ich bei Descartes hatte schon einen gewissen Weltverlust signalisiert, zu einer Zeit, da Galilei in ganz neuer Weise die (absolute, so muß man sagen) Geltung der Welt, wie sie einfach von sich her ist (mit all den Forderungen, die dieses Ansichsein der Welt erhebt), endeckt und proklamiert. Man könnte auf Galilei und die sich entwikkelnde Naturwissenschaft das Wort von der Hinkehr des in sich freigewordenen theoretischen Geistes zur „weltlichen, ohne ihn vorhandenen Wirklichkeit"[47] anwenden, insofern die weltliche Wirklichkeit ihre eigenen Gesetze offenbart und nicht mehr so sehr nach den Ansprüchen und Zielen des „theoretischen Geistes" fragt, als vielmehr diesen für die eigene Wirklichkeit in Dienst nimmt. So entstand, was von der Welt her und ihrer Verwertbarkeit machbar war (als ein Gewinn für die Menschen, von dem sie leben, und als eine beginnende Bedrohung). Diese Sichtweise, von der „Wirklichkeit" (als Wirksamkeit) der Welt her auf den Menschen hin, widerspricht nicht der verwirrend reichen Aktivität des Menschen, die die Welt erschließt und verändert. Beide „Aktivitäten", die vom Menschen her und die von der Welt her, bedingen einander und bestimmen einander. Hier darf man nicht allein die erste sehen (und feiern), sondern muß auch die zweite deuten und werten.

[47] *Marx,* Doktordissertation 16.

Das Auseinandertreten von Ich und Welt (bis hin zur Gegensätzlichkeit) ist Thema des Deutschen Idealismus und der Philosophie von Marx. Die Spannung zwischen Ich und Welt ist extrem, oder, wie man vor allem im Blick auf Marx sagen muß: Sie ist zerrissen. Im Deutschen Idealismus wird das Ich wirklich absolut. Der Vorrang des Ich vor der Welt war schon von Kant installiert worden. Schon dadurch, daß, anders als bisher (und besonders deutlich bei den Griechen), der Verstand reine Spontaneität[48] ist (und nur die Sinnlichkeit Rezeptivität), ist der geistige Standort des Menschen verändert. Dazu kommt, daß nach Kant die praktische Vernunft Vorrang vor der theoretischen hat, weil in ihrer Erfahrung der Freiheit mit ihrer besonderen Spontaneität die Ich-Erfahrung geschieht, in der die Vernunfterfahrung konstituiert wird[49]. Zu diesem, meist übersehenen, Vorrang der praktischen Vernunft bei Kant gehört auch der politische Gehalt seiner kritischen Philosophie[50].

Im Deutschen Idealismus erreicht die Absolutsetzung des aktiven Ich einen Höhepunkt. Fichte ist „der erste der Deutschen Idealisten, der versucht, die Subjektivität wirklich als Selbstermöglichung zu denken“[51]. Marx hat, wie wenige neben ihm, entdeckt, daß im Deutschen Idealismus ein neuer Wirklichkeitsbegriff auftaucht[52]. Wirklichkeit ist nicht mehr das Vorhandene, das aus sich heraus Wirkende, Forderungen Stellende und sich in seinem Sein der erkennenden Vernunft Auferlegende. Wirklichkeit ist seit dem Deutschen Idealismus das, was „erarbeitet“ werden muß, nach Hegel in der Anstrengung des Begriffs, nach Marx durch die reale Veränderung der äußeren Welt. „Die Frage, ob dem menschlichen Denken gegenständliche Wahrheit zukomme, ist keine Frage der Theorie, sondern eine *praktische* Frage. In der Praxis muß der Mensch die Wahrheit, i.e. Wirklichkeit und Macht, Diesseitigkeit seines Denkens beweisen“[53]. „Der Vorrang der Tätigkeit vor der Vorhandenheit ist vom *Idealismus* entdeckt worden“.[54]

Bei Fichte gewinnt die Selbstbegründung des Ich seine besondere Gestalt. Es setzt sich selbst, und darin, in dieser Tat, besteht sein Wesen

[48] *Kant*, KRV A 51.
[49] *Picht*, Aufklärung 60. [50] A.a.O. 51.
[51] *Schulz*, Philosophie 381. Zur Freiheit als „Sich-selbst-Machen“ bei Fichte vgl. a.a.O. 648.
[52] A.a.O. 557.
[53] *Marx*, Thesen über Feuerbach (zweite These) 339.
[54] *Schulz*, Philosophie 557.

und Sein; es ist Tat und Freiheit. Schelling hält diesen Grundsatz der Selbstreflexion für genügend, um Fichtes Bedeutung für die Geschichte der Philosophie sicherzustellen[55]. Sosehr bei Fichte die absolute Tathandlung metaphysische Verankerung seines Begriffs von Freiheit und Selbstsetzung bedeutet, so sehr ist dieser Begriff von Freiheit, der Gegensatz ist zu Bestehendem und Vorhandenem, Beginn des Neuen[56]. Bei Fichte wird der Vollzug der Subjektivität nicht an das Außen gebunden, wie es in der Tradition bei den Griechen und im Christentum war. Dort war die sinnliche Welt Stimulans für den sinnlichen Akt; das Wahre, Gute und Schöne zog den geistigen Akt an. So sahen es Platon, Augustinus und im Grunde die gesamte abendländische Philosophie. Jetzt wird „der Richtungssinn verändert. Die Bewegung von außen auf mich zu entfällt. Das Innere als rein aus sich bestimmende Tätigkeit, das heißt als Bewegung von mir aus, steht im Zentrum“[57]. „Erfüllung liegt nun im Auswirken als solchem. Dieses bringt die erstrebte Entlastung.“ Es „ist nicht zu bezweifeln, daß Fichtes Ansatz eine Zäsur bedeutet: Fichte vollzieht eine Umorientierung der wesentlichen menschlichen Verhaltensweisen, insofern er diese als Vollzüge der wirkenwollenden Subjektivität versteht, deren Wesensbestimmung das reine ‚Von-sich-aus‘ ist“[58]. Nach Heinrich Heine ist bei Fichte der Mensch als transzendentales Ich so begriffen, daß seinem sich durchsetzenden Tun keine Schranke gesetzt ist[59].

Damit war die Aufgabe gegeben, jede Heteronomie abzuschütteln, vor allem die der Religion. Schon bei Kant sollte sie vergeistig werden durch den Aufstieg vom „Kirchenglauben“ mit seiner irrationalen Voraussetzung von Glaube und Gnade zu einer Vernunftform. Die Aufklärung erscheint so als die beste Periode der Geschichte[60]. Nach Hegel brachte bereits die Auffassung vom Königreich Gottes, die Jesus einführte, Heteronomie in das Menschsein. „Die jüdische Sprache gab ihm (gemeint ist Jesus) das Wort Königreich, das etwas Heteronomes in den Ausdruck göttlicher Vereinigung der Menschen bringt; da es nur eine Einheit durch Herrschen, durch Gewalt eines Fremden über

---

[55] *Löwith,* Gott 105; vgl. 98. [56] *Schulz,* Philosophie 648.
[57] A.a.O. 381. [58] A.a.O. 382.
[59] *H. Heine,* Zur Geschichte der Religion und Philosophie in Deutschland (1834), zit. nach *Löwith,* Gott 105.
[60] *Kant,* Religion innerhalb der Grenzen der bloßen Vernunft, nach *Löwith,* Weltgeschichte 220 Anm. 8.

Fremdes bezeichnet, die aus der Schönheit und dem göttlichen Leben des reinen Menschenbundes – dem Freisten, was möglich ist – ganz entfernt werden muß"[61]. Die Vorstellung vom Reich Gottes wird, um nicht etwas „Fremdes" zu sein, der neuen, keine Grenzen kennenden Subjektivität der Tat des Menschen übergeben. „Der revolutionäre Wunsch, das Reich Gottes zu realisieren, ist der elastische Punkt der progressiven Bildung, und der Anfang der modernen Geschichte. Was in gar keiner Beziehung aufs Reich Gottes steht, ist in ihr nur Nebensache"[62]. Freilich ist diese tätige Dynamik auf das Reich Gottes nicht zu verstehen ohne die neue Bedeutung, die Geschichte gewonnen hat, einerseits als Fortschrittsbewegung, von der man immer größere tätige Vollendung der Welt erwartet, und zum anderen als Bewegung auf eine Endverheißung hin, von dieser hervorgerufen und auf sie zulaufend in ihrer ständig fortschreitenden Verwirklichung. Die „weltliche Hervorbringung" des christlichen Prinzips nach Hegel hatte die eschatologische Hoffnung des christlichen Glaubens übernommen; die übrigen Instanzen des 19. Jahrhunderts taten das auf ihre Weise[63].

Durch diesen herkulischen Rückzug des absoluten Tätigseins ins menschliche Ich und sein entsprechendes Hervortreten in die Tat der Weltverwandlung, die keine Grenzen kennt, war das Neue von Karl Marx und des mit seinem Namen vor allem verknüpften neuen Begriffs der menschlichen Aktivität umfassend vorbereitet.

## *6. Das endzeitliche Schaffen des universalen Heils*

Mit dem Denken von Karl Marx ist ein Einschnitt in der Philosophie und der Geistesgeschichte gegeben, dessen Tiefe man kaum überschätzen kann. Sosehr Marx in der Tradition des voraufgehenden Denkens mit dessen Wahrheitsverständnis steht und es nicht ganz abschütteln kann[64], so sehr verändert er doch die grundlegenden Begriffe, wie Wirklichkeit, Wahrheit, Theorie und Praxis. Wir wollen deshalb im

---

[61] Hegels theologische Jugendschriften 321.
[62] *F. Schlegel,* Athenäumsfragment 222.
[63] Wir sprachen oben 32f. von der Auslegung des Kommens „von selbst" des Reiches Gottes bei A. Ritschl; dazu gehört auch R. Rothe, für den sich das Christentum in einer vernünftigen Weltkultur auflöst (*Bornkamm,* Jesus 183).
[64] Vgl. *Picht,* Theorie und Praxis 135–140.

folgenden versuchen, anhand einiger Stichworte, die sowohl das Neue wie den Zusammenhang mit dem Alten andeuten können, ein Bild davon zu gewinnen, was menschliches Heilshandeln für Marx und seine Nachfolger geworden ist.

*Aktion statt Gedanken* soll das erste Stichwort sein. Diese Verschiebung beruht auf einem neuen Begriff von Wirklichkeit. Schon für Feuerbach war Wirklichkeit jene, die als sinnlich gegebene angeschaut wird[65]. Für Marx ist diese materielle Wirklichkeit entfaltet. Sie ist nicht bloß das statische Vorhandensein, sondern der dynamische Prozeß, der sich in der Produktionsweise des materiellen Lebens abspielt. Sie „bedingt den sozialen, politischen und geistigen Lebensprozeß überhaupt“[66]. Die zweite These über Feuerbach lautet: „Die Frage, ob dem menschlichen Denken gegenständliche Wahrheit zukomme, ist keine Frage der Theorie, sondern eine *praktische* Frage. In der Praxis muß der Mensch die Wahrheit, i. e. Wirklichkeit und Macht, Diesseitigkeit seines Denkens beweisen. Der Streit über die Wirklichkeit oder Nichtwirklichkeit des Denkens, – das von der Praxis isoliert ist –, ist eine rein *scholastische* Frage“[67]. Demnach muß man sagen: „Wirklichkeit ist nichts anderes als eine sich auf Gegenstände, Natur und menschliche Verhältnisse, richtende und diese modifizierende Tätigkeit“[68]. Der große Vorwurf gegen Hegel war, daß er Philosophie als Prozeß des absoluten Geistes verstand, an dem das Individuum nur teilhat und den das Individuum als Philosoph nur nachträglich zum Ausdruck bringt. Der Prozeß, die eigentliche Bewegung der Geschichte also, führt den absoluten Geist am Schluß zu sich zurück. Das endliche Ich, der Einzelmensch ist, nach der Meinung von Marx, dadurch entmachtet. In der Sicht Hegels spielt sich das Eigentliche vor und über dem einzelnen ab, der nur, gewissermaßen nachträglich, partizipieren darf. „Der Philosoph kommt also post festum“[69]. Daß nach Marx der individuelle Mensch von dem „Fest“ der Bewegung der Geschichte, ihren Antrieben und Entscheidungen, ausgeschlossen ist, ist um so gravierender, als dies einem Aufgeben des „Wirklichen“ zugunsten einer

[65] *Schulz* (Philosophie 557), dessen Darstellung von Marx und seiner Philosophie ich auch im folgenden viel verdanke.
[66] *Marx,* Zur Kritik der politischen Ökonomie (Vorrede) 839.
[67] *Marx,* Thesen über Feuerbach (zweite These) 339.
[68] *Schulz,* Philosophie 557.
[69] *Marx,* Die heilige Familie 322.

jenseitigen, unwirklichen Welt gleichkommt. „Die Geschichte der Menschheit verwandelt sich in die Geschichte des Abstrakten, daher dem wirklichen Menschen jenseitigen Geistes der Menschheit"[70]. Die Entzweiung zwischen geschichtlicher Bewegung und den Individuen gibt es; nur wird diese, wie Marx meint, unwirklich aufgehoben, indem der eigentliche Prozeß der Geschichte ins irreale Jenseits, also in einen inappellablen Raum, verlegt und so der einzelne (zum Schein) entlastet wird. Marx will sich der ganzen Schwere der Aufgabe stellen. Er holt die Bewegung der Geschichte aus dem „unwirklichen" Bereich des bloßen Denkens, der Idee, in den „wirklichen" Bereich des menschlichen Handelns. *Hier* müssen die Gegensätze ausgetragen werden; *hier* muß die Entzweiung zwischen geschichtlichem Verlauf und Ansprüchen des Individuums überwunden werden. So ist „Verwirklichung" Ziel des menschlichen Weges: Nach der philosophischen Vorarbeit muß nun die Philosophie (als bloße Gedankenarbeit) aufgehoben und so eigentlich verwirklicht werden[71]. Nach Marx kommt die Menschheit, so können wir sagen, jetzt erst an die „Wirklichkeit" heran.

Nach W. Schulz selbst[72] muß die „Verinnerlichung", jener Grundzug abendländisch-christlicher Philosophie, überwunden werden. Statt „im Inneren die eigentliche Welt aufzubauen", gilt es jetzt, „das Verflochtensein des Menschen in die Äußerlichkeit allgemeiner Lebensverhältnisse als Faktum anzuerkennen und deren Gestaltung als Aufgabe zu übernehmen". Dies ist nicht im Zusammenhang mit der Philosophie von Marx gesagt; der Einfluß der neuen Wertung geht weit über den Bereich des Marxismus hinaus und ist auch hier unverkennbar. Bisher gab es „die Intention, das welthafte Gebundensein abzuwerten". Vielleicht ist es nach den bisherigen Überlegungen nicht mehr möglich, so einfach nur diese zwei Weisen des Weltverhältnisses in der Geschichte zu entdecken. Wir sehen, daß es nicht nur eine neue Weltbeziehung, sondern auch einen deutlichen Weltverlust gibt. Man darf nicht meinen, daß der Weltbezug umso besser und umso wesentlicher ist, je mehr die äußere Wirklichkeit im Blick steht. Quantitative Vermehrung ist noch nicht qualitative Veränderung. Die Formel „Aktion statt Gedanken" weist auf die (im Grunde undialektische) Vereinfachung hin.

---

[70] Ebd.

[71] *Schulz,* Philosophie 556.

[72] *Schulz,* Philosophie 249.

Es geht aber nicht nur um handelndes Verwirklichen statt der Gedankenbewegung. Es geht um *Selbstverwirklichung statt der Übernahme der absoluten Tat.* Der Mensch muß (nach der Negierung der übersinnlichen Kompensation) sich selbst verwirklichen. Er darf sich nicht länger mit dem Surrogat des Denkens in seinem Elend besänftigen. Das Erbe von Feuerbach ist deutlich. Dieser hat die Humanität in ihr Recht eingesetzt; Marx will dieses Recht in der Geschichte verwirklichen [73]. Dies ist eine *Selbst*realisation: Denn es geht um den Menschen und sein Wirklicher- und damit Realerwerden durch die Beseitigung des Elends; es geht nicht um die materielle Wirklichkeit in sich (obwohl das „Selbst" des Menschen sich *aus* der materiellen Bedürfnisbefriedigung und *auf* ihr aufbaut). „Selbstrealisation" geschieht darin, daß der Mensch sich selbst setzt und hervorbringt, und das in den konkreten Dimensionen der Geschichte [74]. Diese Selbstverwirklichung beinhaltet die Ablösung von dem übermateriellen „Prozeß", von dem absoluten Geist, aber auch überhaupt von Gedanken und von der Entgegennahme von Wirklichkeit ganz allgemein [75]. Dies muß man von der Position von Marx sagen, auch wenn sich gerade im Hinblick auf die Wirkung seiner Philosophie zeigt, welch große Rolle das Denken spielt und welche „Wirklichkeit" und außerordentliche Durchsetzungskraft Gedanken haben. Trotzdem mag es so erscheinen (und erscheint es überaus vielen so), als wäre hier endlich dafür gesorgt, daß der Mensch sich verwirklichen könne, nachdem ein metaphysisches Verhaftetsein beendet wurde. Man wird nicht leugnen können, daß Hegel mit seiner Entmachtung des individuellen Menschen (des „empirischen Ich") den Aufstand dieses menschlichen Subjekts bei Marx vorbereitet und mit provoziert hat. Abhängigkeit vom Absoluten als Entmachtung des Endlichen treibt zum Aufstand gegen das Absolute, allerdings ohne wahre Machtübernahme durch gelungene „Selbstrealisation".

Die Selbstverwirklichung des Menschen in der Geschichte hat ein Ziel in der Zukunft, dem die Vollkommenheit des endgültigen Heiles

---

[73] „Marx synthetisiert *Fichte* und *Hegel,* aber auf einem eigenen Fundament. Er stellt mit Fichte heraus, daß das Subjekt nur ist als sich selbst setzend, er erkennt mit Hegel, daß dies Setzen sich nur als dialektisches Geschehen der Geschichte vollzieht, und er deklariert, daß das eigentliche Medium dieser Geschichte die materielle Wirklichkeit sei" (*Schulz,* Philosophie 555).

[74] *Schulz,* Philosophie 554f.

[75] Siehe o. 95 die zweite These über Feuerbach.

zukommt (obwohl Marx in der Bestimmung dieses Zieles nüchterner war als manche Paradieseskonzeptionen von Sozialrevolutionären des 18. und 19. Jahrhunderts). Marx steht in der Tradition jüdisch-christlicher Dynamik auf ein *alles* Heil gewährendes Endziel[76]. Unter einer Rücksicht unterscheidet sich Marx grundsätzlich und bis in die letzte Tiefe von der jüdisch-christlichen Überzeugung. Bei ihm geht es um *Schaffen statt Erwartung des eschatologischen Heils.* Insofern hat sein eschatologischer Heilsglaube jüdisch-christlichen Charakter und hat gleichzeitig diesen Charakter nicht[77]. Es geht dabei nicht nur um die Entfernung eines religiösen Zierats von einer im Grunde jüdisch-christlich bleibenden Vollendungshoffnung. Dort, wo das *Entgegennehmen* des Heils verwandelt wird in ein *Schaffen* des Heils, ist der religiöse Charakter der eschatologischen Hoffnung gründlich zerstört; denn mit dieser Änderung des Weges zu dem Erhofften ist auch das Heilsgut, um das es geht, ausgetauscht. Das neue hat den unendlichen Abstand, den eben Endliches vom Unendlichen hat[78]. „Wahrheit" marxistischer Art ist (bei aller Unvermeidbarkeit von „Wahrheit" im herkömmlichen Sinn) Übereinstimmung der konzipierten Praxis mit der erfolgreichen Praxis. Es ist also eine „Übereinstimmung nach vorn". Das Messen der Konzeption an der vorhandenen Wirklichkeit tritt zurück oder bleibt ganz im dunkeln.

Nach W. Schulz[79] wird das Verständnis von Geschichte erst seit Marx „eindeutig"; die Zweideutigkeit von göttlichem Lenken und menschlicher Tat ist aufgehoben. Die Erleichterung über die „Eindeutigkeit" ist dann verfrüht, wenn diese Eindeutigkeit durch gewaltsames Ausblenden anderer Wirklichkeiten (wie Schulz es von Marx sagen muß) zustande gekommen ist. Menschliche Geschichte wird nie auf diese monokausale Eindeutigkeit reduziert werden können, und dies schon aus vortheologischen Gründen nicht, es sei denn, man braucht eine solche Sicht zur Legitimation eines Aktionsprogramms.

---

[76] Zum Widerspruch von Schulz gegen diese Herleitung s. o. 68 Anm. 29.

[77] Zum antireligiösen Element seines Zukunftdenkens vgl. seine Dissertation: *Löwith,* Weltgeschichte 50f.

[78] So ist auch zu fragen, ob *Löwith* (Weltgeschichte 54) damit recht hat, daß Marx mit seinem messianischen Ideal, das zur Veränderung treibt, mehr den religiösen Charakter bewahrt habe als Hegel mit seiner Ergebung in die Einheit von Vernunft und Wirklichkeit. – Zur Differenz zwischen christlicher Hoffnung auf die „Bewahrheitung" durch Gott und dem menschlichen Durchsetzen der „Bewahrheitung" vgl. *Berdesinski,* Praxis.

[79] *Schulz,* Philosophie 553f.

Daß es den Menschen als Gesellschaftswesen gibt, ist die Auffassung, die Marx mit Feuerbach gegen Max Stirner teilt[80]. Diese Wende wird aber erst dann richtig begriffen, wenn man sieht, daß *Menschheit statt Mensch* das Ziel alles Bemühens ist[81]. Die Subsumierung des Menschen unter die Menschheit deutet sich an, wenn Marx sagt: „Die einzig *praktisch* mögliche Befreiung Deutschlands ist die Befreiung auf dem Standpunkt *der* Theorie, welche den Menschen für das höchste Wesen des Menschen erklärt."[82] So ist zunächst gesagt, daß der *Mensch*, nicht Gott das höchste Wesen des Menschen ist. Gleichzeitig ist aber gesagt, daß *der* Mensch (also der geschaute, entworfene Mensch als Idealbild) das höchste Wesen des Menschen ist, nicht der einzelne, konkrete, noch unvollendete. Das ist nicht nur die sprachliche Notwendigkeit, gedanklich den Menschen von seinem Wesen zu unterscheiden. Hier dringt die Notwendigkeit durch, dieses Individuum Mensch von einem Größeren, Umfassenden her und auf es hin zu verstehen. Wenn dies nicht mehr Gott ist, dann ist es der Mensch, eben als Menschheit – mit allen bedrohlichen Einschränkungen und Entwertungen, die es für diesen einen Menschen bedeuten kann. Er kann dann nicht mehr in jedem Augenblick seines Lebens einfachhin bejaht werden, weil sein Abstand zu *dem* Menschen noch zu groß ist[83]. Er kann bejaht werden als einer, der dorthin gebracht werden kann – falls dies bei ihm Erfolg verspricht[84].

Die Verwirklichung des Menschen in der Geschichte scheint nach Marx nur Verbesserung der Verhältnisse zu sein. Es ist aber mehr; es geht um *grundlegend Neues statt Veränderung*. Es ist die Überzeugung von Marx, daß bisher die Befreiung des Menschen nicht gelungen ist, daß sie aber eine lösbare Aufgabe ist[85]. Somit müssen jetzt alle Kräfte

---

[80] *Schulz*, a.a.O. 554. [81] Vgl. dazu oben 71 ff.

[82] *Marx*, Zur Kritik der Hegelschen Rechtsphilosophie 223.

[83] Gott aber bejaht in absoluter Liebe den Menschen, wenn er noch im Gegensatz zu ihm steht, wenn er noch Sünder ist.

[84] Auch für Freud muß das Individuum relativiert werden, sicher nicht nach seiner konkreten Einstellung zu ihm, aber nach seiner Kulturphilosophie. So wird nicht das Individuum, sondern die Menschheit später in den Genuß des Primats des Intellekts kommen; die religiöse Vorstellung sei dagegen „ungeduldiger, anspruchsvoller und ... selbstsüchtiger"; *Freud*, Illusion (X) 377.

[85] Die Menschheit habe nach Marx (anders als nach Proudhon) keine Aufgaben, die sie nicht auch lösen könne (*Löwith*, Weltgeschichte 67). Lösbar sind dann alle Aufgaben des Menschen, wenn man nur das als Aufgabe des Menschen anerkennt, was sich „lösen", also im Sinne von Marx wirklich durch aktives Handeln bewältigen läßt.

an diese Aufgabe gesetzt werden, und vor allem muß jetzt der Mensch Subjekt der Geschichte werden[86]. So muß also ein *grundsätzlich* neuer Weg eingeschlagen werden, weil ein grundsätzlich neues Ziel gesetzt ist: volle Freiheit des Menschen ohne jedes Elend. Es geht nicht um Veränderung oder Verbesserung nur, sondern um die Schaffung von total Neuem. Hier wird deutlich, daß, wie Lenin sagte, Marx „zu mehr als der Hälfte revolutionärer Politiker" war, so daß sein theoretisches Werk der Rechtfertigung seiner politischen Zielsetzung diente[87]. Das aber ist dann die volle Konsequenz aus dem eindeutigen Vorrang der Praxis vor der Theorie, von der oben[88] die Rede war.

Das Schaffen als ein völliges Neuschaffen wird notwendig, wenn die Erfahrung der Welt bodenlos geworden ist. Wenn nichts verläßlich Bleibendes mehr entgegengenommen werden kann, muß aus diesem Nichts heraus Neues geschaffen werden, um nicht in völliger Nichtigkeit und Sinnlosigkeit zu versinken. Vorbereitend mag die Erfahrung radikaler Geschichtlichkeit gewirkt haben, die nichts Bleibendes mehr erscheinen ließ[89]. Der Mensch muß wie bei Nietzsche zum Übermenschen werden, wenn er aus dem Chaos der Nichtigkeit der Welt etwas Bleibendes und damit Sinn für die Welt und für den Menschen schaffen muß. Je mehr die Welt in ihrem Ansich, in Natur und Geschichte, ihre sinnvolle Struktur und ihre Teleologie verliert, beziehungsweise je weniger diese in Vernunft und Glaube erkannt werden kann, desto nötiger wird der Kraftakt der Sinngebung, bei dem es um letztes Entweder-Oder geht, um totales Gelingen oder Scheitern. So gesehen ist die hohe Aufgipfelung menschlichen Schaffens, in einsamer Aktivität ohne Entgegennehmen, nicht der Endpunkt einer aufsteigenden Linie bis zu strahlender Herrschaft (die alle kleinkarierte religiöse Knechtschaft abgeworfen hat), sondern der äußerste Versuch und die letzte Möglichkeit (von der man nicht recht weiß, ob sie eine wahre ist), Sinn ins Nichts zu bringen[90]. So kann man dann auch in der christlichen

---

[86] *Schulz,* Philosophie 555.

[87] *Blumenberg,* Marx 7.

[88] Siehe o. 92f.

[89] *Krüger,* Die Geschichte 123; 109f. Vgl. die Gleichzeitigkeit von Entdeckung der Geschichte und modernem Revolutionsbegriff, a.a.O. 102.

[90] Eine Psychoanalyse der neuzeitlichen Entschlossenheit zu schaffen, die zunehmend durch Erregtheit und enger werdenden Horizont gekennzeichnet ist, müßte fragen, ob das Schwinden von Gelassenheit und Bereitschaft entgegenzunehmen nicht Anzeichen einer verzweifelten Existenzangst ist, die naturgemäß meist tief verborgen bleibt.

Theologie lesen, daß die Politik den Zweck habe, „den einst die Metaphysik erfüllt hat. Sie bringt Einheit und Sinn in menschliches Leben und Denken“[91].

Von hier aus öffnet sich ein neues Verständnis für den Verlust von Geschichte (sosehr Geschichte jetzt erst in Besitz genommen zu sein scheint). Eine Ideologie des Schaffens, die alles für planbar und machbar hält, muß sich sorgfältig gegen vergangene Geschichte abdichten, weil sonst ihr Optimismus, jetzt endlich die eindeutige Erklärung der Welt gefunden zu haben, unhaltbar wäre und verlorenginge. Diese Abdichtung wird kollektiv und unbewußt vorgenommen[92]. Von daher erklärt sich, wenigstens zum Teil, die weltweite Faszination der Ideologie des Heilschaffens. Sehr vieles *muß* als einmalige Entdeckung unserer Zeit erscheinen, und damit als unvergleichlicher Fortschritt und als eine offenkundige Überlegenheit über frühere Geisteshaltungen, weil die Geschichte ignoriert wird, die sehr vieles von Heutigem schon ausprobiert hat. Es käme der *wirklichen* Neuheit unserer Zeit und der Bewältigung ihrer immensen Probleme sehr zunutze, wenn sich die Auseinandersetzung mit diesen nicht weithin in theoretisch abgeschlossenem Raum der Ideologie vollziehen würde.

Aber auch Geschichte als zu-kommende, als wahre Zukunft wird ersetzt durch den Plan, also, wie wir schon sagten, durch die Gegenwart des Planens und Machens. Wahrscheinlich muß man sagen, daß die Abschirmung nach rückwärts und nach vorwärts (also auch dem Geschehen gegenüber, das „kommt“ und nicht gemacht wird) eine ungeheure Verarmung mit sich führt, ein Zusammenschrumpfen des Lebens auf den einen, einsamen Punkt eigenen Machens[93]. Man wird nicht umhinkönnen, dies Verarmung zu nennen, bei allem nie dagewesenen Reichtum des menschlichen Schaffens, wenn man an die verschwundene Fülle des Hin- und Herüberlegens denkt, das Menschsein in seinem Herkommen und seinem Hingehen zu ergründen, und an die vielen Versuche, in freiem Hin und Her sich um die Auslegung von Welt und Mensch *und* Geschichte zu bemühen.

---

[91] *Cox*, Stadt 272f., zit. nach *Berdesinski*, Praxis 24 Anm. 13.

[92] Von einem Zensor an der Schwelle des Bewußtseins, wie Freud sagen würde.

[93] Nach *Freyer* (Zeitalter 66f.) sind utopische Geschichtspläne nur a) im sorgfältig abgedichteten Raum möglich, b) mit dem Allmachtsgedanken der Veränderung der Menschen durch Planung und Institutionen und c) in der rationalen Kontrolle der faktischen Autorität an der Norm des Planes.

# Zweiter Teil

# Selbstverwirklichung des Menschen als Entgegennahme des Heils

Der geschichtliche Rückblick zeigte, wie die Entwicklung zur Selbstverwirklichung des Menschen drängte. Selbstverwirklichung, zunehmend mehr im Raum der Geschichte verstanden, wurde schließlich in äußerster Antithese zu einem Heil gesehen, das dem Menschen von Gott in einer Offenbarung und einer Tat der Erlösung geschenkt wird. So stand unsere Skizzierung der biblischen Botschaft von dem Heil, das Gott *gibt,* unter dem Aspekt der Fremdheit, die solche Vorstellungen für uns Menschen haben, die durch die Aufklärung und die Idee der Schaffung des universalen Heils geprägt sind. Die Frage unserer Untersuchung spitzt sich in diesem zweiten Teil des Buches zu: Hat das Entgegennehmen des Heils eine Bedeutung für die Verwirklichung des Menschen, vielleicht sogar für seine ihm in der Neuzeit teuer gewordene *Selbst*verwirklichung? Ist die Bedeutung vielleicht derart, daß nicht nur die biblische Botschaft vom Heil der Gnade noch gerettet werden kann, sondern daß eine solche Vorstellung erst das voll möglich macht, wonach sich der neuzeitliche Mensch immer intensiver ausstreckt?

Auch diese Skizze einer Antwort (die durch den ersten Teil schon vorbereitet wurde) soll sich schrittweise dem Ziel nähern. In einem ersten Kapitel geht es um das Gott-Mensch-Verhältnis von Gott her gesehen; im zweiten Kapitel um dieses Verhältnis vom Menschen aus gesehen. Ein drittes Kapitel soll Gedanken zu dem Weg erörtern, der von unserer Situation zu diesem Entgegennehmen gegangen werden müßte.

# I. DAS SICH-GEBEN GOTTES

## *1. Die Gegebenheit der Transzendenz*

Wir sprachen schon davon, daß „transzendent" im Unterschied zu „metaphysisch" durchaus noch Verständnis findet[1]. Gott dagegen sowie jede metaphysische Realität erscheint als Hindernis für die Selbstverwirklichung des Menschen, für seine Autonomie, Freiheit, Wirksamkeit in der Welt. Wir können dazu, thesenhaft das Ergebnis vorwegnehmend, sagen, daß dann immer ein Mißverständnis gegeben ist (auch wenn es noch so verbreitet ist). Gott wird dann nicht als transzendenter erfahren; oder anders ausgedrückt: der metaphysische Charakter Gottes wird nicht als transzendenter[2] erfahren. Die Erfahrung Gottes als eines transzendenten Wesens hat aber zwei Seiten. Es muß die *Transzendenz* Gottes erfahren werden; das heißt, Gott muß abgesetzt werden von jedem endlichen Wesen; er übt nicht knechtende Herrschaft aus. Es muß aber auch die Transzendenz *Gottes* erfahren werden; Gott muß abgesetzt werden von jedem leeren Horizont des Seins; er ist also mehr als nichtige Transzendenz. Der erste Aspekt soll uns jetzt beschäftigen, der zweite im folgenden Punkt dieses Kapitels.

Gott muß in einer Weise erfahren werden, die nicht zu vergleichen ist mit anderen Erfahrungen. Gott ist der Unvergleichliche, der nicht in eine Reihe mit anderen Wirklichkeiten gestellt werden kann. Das ist zwar uralte christliche Theologie (und wird auch weithin in anderen Religionen gewußt), läßt sich aber nie lange als Erfahrung halten, sondern wird durchsetzt und verfälscht mit anderen Erfahrungen endlicher Art. Es ist dies eine seltsame Haßliebe gegenüber dem Unendlichen, die noch nicht genügend untersucht ist; es wird oft zugleich gesucht und gemieden. Karl Rahner hat wohl am deutlichsten in seiner Theologie den Grundsatz der transzendenten Abhängigkeit formuliert: Das Endliche wird durch seine Abhängigkeit vom unendlichen

[1] Siehe o. 66f.

[2] Wir bevorzugen „transzendent" gegenüber „transzendental", um deutlich zu machen, daß es um eine ontologische, nicht um eine logische Struktur und auch nicht um das transzendentale Subjekt Kants geht.

Gott um so wirklicher, je mehr es von ihm abhängt[3]. Es ist dies die Eigenart des schöpferischen Einflusses, der Wirklichkeit nicht vorfindet und *an* ihr handelt, sondern durch diese Aktivität Wirklichkeit *setzt*, entstehen läßt, sie selbst also in ihrem Eigensein hervorgehen läßt. Gottes Wirken schmälert also nicht die Freiheit des Menschen, sondern läßt sie erst wirklich entstehen. Dieses Verhältnis zwischen einem Aktiven und einem Passiven, einem Tätigen und einem Leidenden ist völlig einmalig und kann sonst in der Welt nicht mehr vorkommen. Innerweltliche Kausalität ist immer in irgendeiner Weise und irgendeinem Maße einschränkend. Es gibt die äußere Gewalt und die innere Gewalt, bei welchen Formen menschlichen Einflusses es ganz offenkundig so ist. Es gibt aber auch den erzieherischen Einfluß, der Neues, Höheres im anderen schafft. Auch dort geht das Schaffen von Neuem, von größerer Freiheit und Selbständigkeit, über eine zeitweilige Einengung durch den anderen Einfluß, und wäre sie nur darin zu suchen, daß derjenige, der sich erziehen läßt, eine Zeitlang an den anderen gebunden wird, also seine Bewegungsfreiheit einschränken läßt. Auch in der Liebe zweier Menschen, der sublimsten Abbildung des Verhältnisses zwischen Gott und Mensch, findet sich noch diese „Einschränkung", eine Festlegung auf die Welt des anderen, die hingenommen wird und dadurch allerdings zur Entschränkung, zu Weite und Freiheit führt.

Daß das transzendente Verhältnis zwischen Tätigem und „Aufnehmendem" (der auch nur analog „Aufnehmender" genannt werden kann) nur einmal vorkommt, eben zwischen Gott und Geschöpf, läßt die Gottesbeziehung überaus erstrebenswert und zugleich auch fremd erscheinen; es ist eine Fremdheit, die dazu führt, daß das Eintreten in diese Erfahrung abgewehrt wird. Sie ist zu umfassend, in ihrem Geben wie in ihrem Fordern, als daß sie einfachhin gelebt werden könnte. Vieles an der wachsenden geistesgeschichtlichen Abwehr eines Gottes wird darin seine Wurzel haben.

Mit diesem Begriff von Gottes transzendentem Handeln ist noch etwas gegeben. Dieses Handeln kann gewissermaßen „keinen Ort" innerhalb der Welt haben. Hätte es einen solchen, etwa in dem Erfahren eines „Eingreifens" Gottes *neben* allen anderen Ursachen und *ohne* sie, dann wäre Gottes Handeln doch *eine* verursachende Wirklichkeit in

---

[3] Vgl. *Rahner,* Probleme der Christologie 183 mit Anmerkungen; und öfter sonst.

der Welt neben anderen, also endlich und ohne den einmaligen Vorzug des schöpferischen, Freiheit setzenden und keineswegs einengenden Handelns[4]. Gott wirkt also alles und jedes, in allem und in jedem, aber nicht *hier* und *dort* nicht. Das ist Ausdruck seiner universalen Wirksamkeit und damit seiner Macht, die Existenz und Freiheit gibt. Dies ist aber auch jene Universalität am Handeln Gottes, die es dem Menschen ermöglicht, dieses in der Weltwirklichkeit aufgehen zu lassen. Denn wo kann man etwas in der Welt finden, das göttlich und nicht weltlich wäre? Wenn man es finden könnte, wäre es nicht mehr göttlich. Die Universalität des handelnden Gottes ist Grund dafür, daß sie übersehen werden kann. Die Transzendenz Gottes kann sich in nichtige „Transzendenz" auflösen. Davon ist jetzt zu handeln.

## *2. Das Sich-Geben Gottes in Jesus Christus*

Die Transzendenz Gottes ist in verschiedenem Maße verdünnt worden. Manche Religion hat dieses letzte Woraufhin des Menschen nur noch als einen Rand der Welt erfahren, einen Horizont, der von dem ganz Anderen kündet, ohne es zu sein. Die „Randerfahrung" der Welt ist wichtiger Schritt des Denkens, bietet sich aber auch als letzter Halt dort an, wo die Möglichkeit zu mehr nicht gesehen wird.

Trotzdem ist es seltsam, daß der Mensch sich mit der Transzendenz als Rand der Welt, der Unbegrenztheit verheißt, aber nicht gewährt, zufriedengibt (ganz zu schweigen von jener „Transzendenz", die im heilsamen Ausweiten menschlicher Verhältnisse durch aktiven Einsatz besteht, von der oben[5] die Rede war). Soweit der Mensch überhaupt mit dem Ganzen, das nicht endlich ist, mit dem Unüberschaubaren,

---

[4] Freilich erfahren wir genaugenommen immer nur irdische Dinge und Vorgänge, vielleicht auch unerklärliche, nie aber etwas, was man als Verursachung selbst erfahren würde. Somit wäre die Frage immer noch offen, ob es Dinge oder Vorgänge gibt, etwa die Wiederherstellung eines kranken Gliedes, die man einem besonderen göttlichen Bewirken, Wunder genannt, zuschreiben müßte. Aber aus demselben Prinzip des transzendenten Wirkens Gottes muß man sagen, daß Gott die Welt in allen Einzelheiten *und* in ihrem kausalen Zusammenhang setzt, also alles und jedes, und nicht nur einzelnes nebeneinander. So muß man wohl sagen, daß alles, auch die Wunder, die es ohne Zweifel gibt, innerweltliche Ursachen hat, wenn auch in einer besonderen Erfahrungskonstellation, die dieses Ereignis als besonderes von Gott gewirkt entdeckt. Vgl. dazu *Weissmahr,* Gottes Wirken 72 und 154–185.

[5] Siehe 66f.

Unverfügbaren zu tun hat (im Erkennen, in der Wahrheit, soweit man deren Absolutheit noch für erkennbar hält, in der sittlichen Verpflichtung, die – ohne Zweckmäßigkeit – absolut verpflichtet), ist dieses nicht nur „Horizont" (als fremde Grenzlinie), und auch nicht nur das, was man bewußt bejaht, also sich ihm hingibt, sondern das, von dem her man lebt; das man andauernd empfängt (soweit man frei sich zu ihm bekennt). Ein solches Absolutes kann aber nicht geringer sein als der, der sich ihm hingibt und von ihm lebt. Sollte der personale Charakter des Menschen, sein Erkennen und seine Freiheit, nicht ein Absolutes verlangen, das Fülle und Grund dieser Würde des Menschen ist?

Trotzdem erscheint dem Menschen, der durch die Aufklärung gegangen ist, die Weise, in der Gott in seiner Offenbarungstat in Jesus Christus seine Absolutheit zur Geltung gebracht und mitgeteilt hat, als ein Abstieg gegenüber dem unnennbaren Absoluten, das ewig Horizont bleibt. So sind für Jaspers die zwei verfehlten Möglichkeiten immer wieder gegeben: ein Gnadenbewußtsein als letzte Abhängigkeit mit Leugnung der Freiheit oder ein Bewußtsein eigenständiger Freiheit, einer Freiheit ohne Transzendenz[6]. Nach ihm pervertiert der Versuch, Menschsein zu verwirklichen, weithin in eine der beiden möglichen Fehlformen: in das Hineingehen in die Abhängigkeit von letzter Autorität oder in die bindungslose Verwirklichung eigener Freiheit. Annehmen von Gnade gehört für ihn zur ersten Fehlform, zu der, die Freiheit und Selbständigkeit vernichtet. Gelungene Freiheit gibt es für ihn nur *in* der Transzendenz[7]. Hier stellt sich aber dringlich die Frage, ob das, was Jaspers höchste Aufgipfelung menschlicher Verwirklichung erscheint, nicht zu kurz gesehene Auslegung des Menschseins ist (sosehr in ihr mehr ergriffen sein mag, als die Auslegung verrät). Gnade als Aufhebung der Freiheit anzusehen, hat zwar Gründe aus der Geschichte des Christentums für sich, ist aber eigentlich die Weigerung, die Transzendenz als mächtige erfahren zu wollen, als eine, die nicht stummer Rand des Unendlichen nur ist, sondern der Welt sich zuwendet, vergibt; es ist die Unfähigkeit, das Dilemma zwischen knechtender Herrschaft des Transzendenten und nichtiger Transzendenz noch einmal zu überschreiten in die Anerkennung eines

---

[6] *Jaspers*, Philosophie II, 197f.

[7] *Jaspers*, ebd.

Transzendenten, der sich erbarmend den Menschen zuwendet, indem er Freiheit gibt.

Freilich ist solch ein Begriff des Transzendenten, der in der Geschichte handelnder Gott ist, nicht durch Denken zu erreichen. Erreicht kann er nur werden, wenn der Mensch sich erreichen läßt von der Zuwendung Gottes, die wir offenbarende Gnade nennen, nicht vorher schon, sondern erst in dieser Bereitschaft, sich das Erbarmen von Gott geben zu lassen. Man wird einwenden, daß dieser so erfahrene (oder gewünschte) Transzendente eben nicht mehr die Transzendenz ist, die allein Freiheit, Insichständigkeit, Verantwortung, Wissen um Schuld geben kann; diese so vorgestellte Transzendenz sei, so wird man sagen, innerweltliche Größe geworden, vertrauter, weil näher und weil bindend in einer Weise, wie es mit Weltautoritäten immer geschieht: sie nehmen uns etwas oder viel oder alles von der Last unserer Freiheit ab. Hier sind wir an dem entscheidenden Punkt. Die Frage spitzt sich zu: Wie kann die Transzendenz (wenn sie schon nötig ist, damit der Mensch Mensch bleibt und wird) so sehr als Transzendenz erfahren werden, daß sie einerseits das „ganz Andere“[8] der Welt ist, also nichts Einengendes, sondern nur Befreiendes hat und gewährt, und daß sie anderseits nicht nur leere und somit unlebendige und ohnmächtige Unendlichkeit ist?

Wenn die Tat Gottes in Jesus Christus, in der er sich offenbarte und die Welt verwandelte, Tat *Gottes* ist, muß sie diese Bedingungen erfüllen. Und wenn Jesus Christus die Wirklichkeit Gottes in der Welt *ist* (als Realität und Wirksamkeit Gottes), dann muß er erfahren werden können als diese Herrschaft des transzendenten Gottes, die weder knechtende Herrschaft ist noch nichtige Transzendenz eröffnet. Gerade das kann man aber an Jesus Christus zeigen, wie er von der Kirche, vor allem der Urkirche in ihrem neutestamentlichen Zeugnis, geglaubt wurde[9]. Von diesem Ansatz her zeigt sich sehr deutlich, daß Jesus von der Urgemeinde in ihrem apostolischen Kerygma und in den

---

[8] Das „ganz Andere“ erinnert an den Titel einer bewegenden Schrift von *M. Horkheimer,* Die Sehnsucht nach dem ganz Anderen. Sosehr sich Horkheimer wehrt, dieses „ganz Andere“ mit einem in Gewißheit erfahrenen und geglaubten Gott zu identifizieren (56f., 72f.), so sehr trägt dieses „ganz Andere“ doch die Züge eines Wesens, das mehr ist als unnennbarer Horizont.

[9] Vgl. *Schoonenberg,* Ich glaube an Gott 71: Gottes Transzendenz wird von Jesus Christus verkündet und zeigt sich in ihm als eine „überwindende(n) Herrschaft der Liebe Gottes ... Sie ... wendet sich gerade den Sündern zu.“

neutestamentlichen Schriften immer als der Auferstandene gesehen und geglaubt wurde, sosehr in den Evangelien die historische Gestalt Jesu hindurchscheinen mag. Der eigentliche Jesus, um den es den Menschen ging und immer dort gehen wird, wo sie sich nicht eigensinnig oder eigenmächtig auf die Welt und das Handeln in ihr beschränken wollen, ist der geglaubte, weil von Gott auferweckte Christus.

Auferstehung Jesu ist also weder mythologische Sublimierung des „realen, historischen" Jesus, also eine Entrückung seiner Person in weltjenseitige (und damit für uns uninteressante) Bereiche, etwa weil er für alles Leiden belohnt werden sollte und weil die Menschen, die an ihn glauben, dann auch einmal diesen Auszug machen dürfen; noch ist anderseits Auferstehung Jesu eine schwer zu entziffernde Chiffre für die welthafte Bedeutsamkeit eines Menschen, genannt Jesus. Auferstehung ist die reale Zuwendung Gottes zur Welt in einer Wirksamkeit und Nähe, die nicht zu überbieten ist. Gottes Wirklichkeit in seinem machtvollen Handeln an der Welt ist in dem auferweckten Jesus zur Herrschaft gekommen. Er selbst, Gott als der real der Welt Zugewandte, der machtvoll Handelnde, *ist* der auferweckte Jesus. Jesus, der die Anwesenheit Gottes ist, weil „Gott in ihm ist"[10], ist durch die Auferweckung der Erhöhte, der in die eschatologische Wirklichkeit Hineinversetzte. Er ist dadurch „mehr" (wenn man so quantitativ sprechen darf) in der Wirklichkeit Gottes, als er es in seinem irdischen Leben war. Von Gott her gesehen ist es so, daß Gott durch die Auferweckung Jesu nun erst „ganz und gar" in der Welt ist, weil er nun in letzter Weise machtvoll an ihr gehandelt hat (was ein Handeln ist, das Gegenwart ist und nicht in die Vergangenheit entschwindet); er ist, so muß man sagen, durch die Auferweckung Jesu derjenige, der der Welt nun ganz zugewandt ist, nicht *obwohl*, sondern *weil* er Jesus, *den* Menschen, in die göttliche Vollendung des Jenseits der Welt gestellt hat. Wenn Welt nur Welt bleiben kann aus dem Jenseits der Welt, dann ist die Vollendung Jesu jenseits „dieses Äons" nicht eine Entfernung aus dieser Welt, sondern eine Einstiftung in sie. Paulinisch ausgedrückt lautet es so: Gott hat ihn „zum Sohne Gottes in Macht eingesetzt", ihn, der Sohn Gottes war (Röm 1,3f.)[11]. Christliches Leben

---

[10] Zum genauen Verständnis dieser Umschreibung der Einheit Jesu mit Gott s. *Muschalek*, Gott in Jesus.

[11] Paulus hat hier eine urchristliche Erhöhungsformel (von Jesus zum Sohne Gottes)

ist also, wenn der Auferstandene seine Mitte bilden soll, wie es in den Anfängen war, in seinem Zentrum (und nicht nur am Ende und damit am Rande) eine Entgegennahme des weltjenseitigen Gottes, wie er sich restlos der Welt zugewandt hat, eine Entgegennahme (wie wir noch sehen werden) zu Heil und Freude.

Die Wirklichkeit des Auferstandenen hat aber noch eine weitere Dimension. Sie *ist* Weltveränderung in vom Menschen nicht mehr einzuholender Tiefe. Wenn die Welt dadurch verändert wurde, daß Gott in dieser Welt zu ihrem Heil offenbar ist und herrscht, und wenn dies seine Vollendung in der Auferstehung Jesu gefunden hat, dann *ist* die Auferstehung die Veränderung der Welt von größter Tiefe. Von der Geschichte (soweit sie nach der Auferstehung Jesu weitergeht) kann diese letzte Weltveränderung nur noch eingeholt werden, genauer gesagt: Diese Geschichte kann zu der letzten Veränderung nur noch hingedrängt werden von dem, *in* dem und *durch* den die Welt schon ganz und in geglückter Weise verändert ist[12]. Freilich muß dies einem rein säkularen Denken als leeres Gerede erscheinen. Daß es dieses Unverständnis gibt, ist heute verbreiteter als früher und hat – das ist nach dem früher Gesagten verständlich – noch eine eigene Note: Einflüsse auf Geschichte, die über das konkrete Handeln der Menschen hinausgehen, sind überhaupt nicht mehr recht begreiflich. Dieses Unverständnis ist aber nicht einfachhin etwas, was nur unserer Zeit eigentümlich wäre; das Mißverstehen der eigentlichen Kräfte der Geschichte gab es zu allen Zeiten.

Für das Verstehen des Glaubens aber ist die Welt durch die Auferstehung Jesu von Grund auf (wenn auch noch nicht bis in alle Verästelungen hinein) verändert. Verändert ist aber auch die Situation der in der Welt wirkenden Menschen. Wenn sie im Glauben die Wirklichkeit des auferstandenen Sohnes Gottes annehmen, sind sie ermächtigt, nüchtern und sachgerecht *diese* Geschichte zu ihrem Ziel voranzutreiben.

Sie sind in die Lage versetzt, *nüchtern* die Geschichte voranzutreiben. Sie können es illusionslos tun wie Menschen, die darum wissen, daß die alles entscheidende Veränderung schon geschehen ist. Sie wer-

---

theologisch vertieft in die zwei Weisen der Anwesenheit Gottes in der Welt: vom Sohn Gottes zum Sohn Gottes *in Macht; Kümmel,* Theologie 97f.

[12] Vgl. die wichtige Schrift von *H. Schlier,* Das bleibend Katholische.

den also nicht in jener überheizten Spannung handeln müssen, die dort entsteht, wo der Ausgang der Geschichte noch völlig offen ist und gleichzeitig alles, Leben und Tod, Sinn oder Sinnlosigkeit davon abhängen, ob die geschichtliche Anstrengung gelingt oder mißlingt. Die andere Haltung nüchternen Glaubens gerät aber leicht in den Verdacht, bequemem Nichtstun Vorschub zu leisten. Das ist ja auch der Vorwurf, der seit dem Entstehen von Geschichtsphilosophie und Fortschrittsdenken in der Aufklärung von außerhalb des christlichen Glaubens und heute weithin aus der christlichen Theologie selbst heraus erhoben wird. Abgesehen von gelebten Verzerrungen christlichen Glaubens (die übrigens zu *allen* Zeiten *sowohl* bequeme Untätigkeit *wie* überspannte Aktivität zeigten) ist dies nicht die Haltung, die ein Glaube an den auferweckten Herrn der Geschichte freisetzt. Er macht es vielmehr möglich, die Aufgaben der Geschichte *sachgerecht* anzupacken, in einer Dringlichkeit, die altem wie neuem Schwärmertum nur scheinbar eigen ist. Diesem Glauben ist die Aufgabe zuteil geworden, *jetzt* mit dem neuen Menschen zu rechnen (nicht erst in einer utopischen Zukunft) und *jetzt* dem Verlangen nach dem neuen Leben mit den Mitmenschen zu entsprechen. Wir sprachen davon[13], daß sich diesen Imperativ keine innerweltliche Heilslehre leisten kann. Immer müssen einzelne und Menschengruppen übergangen werden, damit das Neue für die „künftige Menschheit" gebaut werden kann. Da es innerweltlich neu ist, kann es nur in der Zukunft liegen und muß ohne oder gegen jene Menschen durchgesetzt werden, die zu diesem Fortschritt aus irgendwelchen Gründen nicht in der Lage sind. Nur *Gott* kann so unbedingt und grenzenlos bejahen, daß er menschliche Wirklichkeit – so elend, unproduktiv und sündig sie sein mag – völlig annimmt, in Jesus Christus so, daß er diese elende, zum Tod der Sünde verurteilte Menschheit ganz in die göttliche Wirklichkeit versetzte und sie somit vollendete: den einen Menschen Jesus und in ihm die Menschheit grundsätzlich (die *ganze* Menschheit, nicht nur eine *zukünftige*). Nur Gott kann so für das Heil der Menschen handeln, und nur der Mensch, der sich der Wirklichkeit des auferstandenen Jesus Christus, also der fleischgewordenen Zuwendung Gottes zur Welt anschließt, kann den Menschen, jeden einzelnen, annehmen, ohne den „eschatologischen Vorbehalt" einer innerweltlichen Heilsutopie.

---

[13] Siehe o. 71ff. u. 99.

## II. DAS WESENTLICHE ENTGEGENNEHMEN ALS FREIHEIT

Von Gottes Tat in ihrer Unvergleichlichkeit konnte nicht gesprochen werden, ohne darin auch von der Freiheit des Menschen zu sprechen. Das eine *ist* das andere; die Tat Gottes *ist,* in ihrer geschöpflichen Wirkung, das Geschöpf, also auch die geschöpfliche Freiheit selbst. Deshalb können wir nicht ohne den Blick auf die Freiheit des Menschen von der Tat Gottes sprechen. Trotzdem wird es notwendig sein, nun noch ausdrücklicher von der Seite des Menschen her zu fragen, wie denn seine Verwirklichung (und damit sein Heil) geschehen kann, nicht trotz, sondern gerade *in* der Annahme der heilschaffenden Tat Gottes; wie also der Selbstand und die Ganzheit des Menschen durch eine Abhängigkeit von Gott gewonnen werden können. Es werden dabei Gesichtspunkte auftauchen, die dieser Klärung bedürfen.

### *1. Zum Begriff „Heil"*

Wir haben immer wieder in unserer Untersuchung von „Heil" gesprochen, um das letzte Gelingen des Menschenlebens zu umschreiben. Man könnte auch einen anderen Begriff dafür wählen, zumal „Heil" in den biblischen Schriften gar nicht der einzige und wichtigste Begriff ist, in dem sich das Verheißene und Erstrebte des Menschenlebens sammeln würde. Er hat aber durch seine Unverwechselbarkeit im Vergleich mit Alltagsbegriffen eine gewisse Sonderstellung erhalten. Etymologisch ist „Heil" mit der Vorstellung von „Ganzheit" zusammenzubringen, und am indogermanischen Ursprung steht die (wohl von Anfang an religiöse) Bedeutung von „Unversehrtheit, Fülle, verwirklichter Ganzheit"[1]. Die entwickelte Vorstellung von „Heil" schließt „Echtheit" (Authentizität) und „Fülle in Harmonie" ein. Der Mensch, der das Heil gefunden hat, ist wahrhaft Mensch, hat nichts Fremdes an sich, was ihn etwas anderes sein ließe als ihn selbst (also ohne „Selbstentfremdung"), und zwar ist er dies in Harmonie mit seiner

[1] „Heil" ist mit dem griechischen ὅλος („ganz") verwandt; ebenso „salus", „haurvatat" im Persischen sowie die Wurzel „serva" im Sanskrit; *J. de Vries,* Etymologisch Woordenboek (Utrecht – Antwerpen 1958) 106; *Walgrave,* Salut 57f.

Umwelt, vor allem mit den anderen Menschen, aber auch mit der übrigen Welt (bis hinein in den Gleichklang mit der kosmischen Ordnung, ihrem Frieden und dem himmlischen Gleichmaß der Bewegungen der Gestirne nach den Vorstellungen des klassischen China im Konfuzianismus und Taoismus). Die Frage, die quer durch alle Versuche geht, das Heil des Menschen zu finden, ist die nach dem Wesen dieses Heils und nach dem Weg zu ihm hin. „Selbstverwirklichung", „Selbstrealisation" wäre *ein* Äquivalent für „Heil". Die ersten beiden Begriffe lägen uns an unserem jetzigen Punkt geschichtlicher Entwicklung näher als der Begriff „Heil". Bei ihm schwingt die Vorstellung einer Passivität des Menschen und eines Geschenktwerdens dieses gewünschten Endzustandes mit. Das „Selbst" in den neuen Begriffen will der Passivität und einer Heteronomie entgegentreten. Und doch sind, wie wir sehen werden, diese Begriffe nicht einfachhin ein Gegensatz zu dem christlichen Menschenverständnis, sondern eine legitime und notwendige Umschreibung der Aufgabe des Menschen.

Bei beiden Begriffen geht es darum, daß der Mensch ganz das wird, was er sein kann und sein möchte; daß das, was an Menschsein möglich ist, ganz verwirklicht werde. Es ist dies nichts einzelnes an ihm: Gesundheit, Fähigkeit zu diesem oder jenem Werk, Herstellen dieses oder jenes Werkstücks (mit dem Gewinn des Wertes der Leistung). Das alles kann in bestimmter Weise dazugehören. Heil ist aber nicht die Summe dieser Werte und Handlungen. Heil ist etwas, das den *ganzen* Menschen betrifft, nicht nur sein Haben oder Herstellen. Deswegen kann Heil auch nicht vom Menschen hergestellt werden, sondern nur von einer überlegenen Macht entgegengenommen werden[2]. Heil ist also ein nicht durch äußere Realitäten zu bestimmender Begriff (ähnlich wie auch Freiheit, Wahrheit, Selbständigkeit, Glück). So ist es auch nicht wahr, daß der Mensch sich wesentlich durch die Arbeit verwirkliche (wenn Arbeit im herkömmlichen Sinn verstanden wird). Weder die äußere Freiheit, die er durch die geschaffenen Produkte erlangt, noch jene innere Freiheit, die ihm die Erfahrung der Arbeit verschafft, reichen hin, ihm jene Ganzheit zu geben, die er sucht. In dieser Ganzheit würde er die Fülle seines Wesens finden, in der der Mensch so sehr er selbst ist, daß nichts „Fremdes" ihn mehr bedrückt, sondern

---

[2] „Das Unheil des Menschen hat gerade in dessen Stärke seine Wurzel" (*Ebeling*, Heil 13).

er sich grundlegend eins mit sich und (weil er dies für sich braucht) mit dem Ganzen der Wirklichkeit weiß. Dies kann gegeben sein, auch wenn über diesem Grunde der Einheit zahllose Alltagsentzweiungen das Leben belasten und zum Handeln nötigen. Es ist also eine gefährliche und den Menschen erniedrigende Verkürzung, wenn statt des traditionellen Vorrangs der „Innerlichkeit"[3] heute die „Ausweitung" des Menschen in die Weltaufgaben hinein vorgenommen wird. Sosehr sich heute die Weltaufgaben anders darstellen, so wenig ist es wahr, daß vor dem 19. Jahrhundert die Weltaufgaben ignoriert wurden, und (zweitens) daß es eine wahre „Ausweitung" des Menschen ist, wenn der Vorrang der inneren *grundsätzlichen* Unabhängigkeit von konkreten Weltaufgaben (mit ihrem Gelingen oder Mißlingen) aufgegeben wird.

Wenn die letzte Verwirklichung des Menschen so umfassend verstanden wird, wie wir sie skizziert haben, sind „Heil" und „Selbstverwirklichung" austauschbar. Aber es bleibt die Frage nach dem Ursprung dieses voll verwirklichten Menschseins, nach dem Weg dahin oder – nach seinem Herkommen.

## 2. *Entgegennehmen und Menschwerdung*

Nach unserem Lebensgefühl und nach dem, was wir von der Entwicklung des Begriffs vom Menschen wissen, erscheint es kaum vorstellbar, daß der Mensch (als erwachsener) in einer wesentlichen Hinsicht die Verwirklichung seines Menschseins entgegennehmen könnte. In mehreren Schritten wollen wir uns der Lösung dieser Frage annähern.

Menschsein (in der qualifizierten Bedeutung von „gelungenem Menschsein") bedeutet nicht nur, Subjekt von Freiheit zu sein und Wahrheit erkennen zu können, sondern bedeutet vom ersten Ansatz an, sich den anderen Menschen verstehend und helfend zuwenden zu können. Sehr vieles (vielleicht im Grunde alles) an Gütern des Lebens steht in unserer Verfügung, läßt sich also von uns herstellen. Der Mitmensch als einziger steht nicht in unserer Verfügung; das macht seine eigentümliche Würde aus. Wir begegnen seiner Freiheit, seinem Anspruch auf menschliche Verwirklichung, seiner Gegenwehr, unge-

[3] So auch *Schulz*, Philosophie 631, 633, 249 (und überhaupt 248–334).

recht „behandelt" zu werden, und müssen diese seine Unantastbarkeit respektieren. Gleichzeitig ist diese seine „Unantastbarkeit" der Grund dafür, daß wir ihn in einmaliger Weise bejahen können und ihm als unvergleichliche Antwort auf unseren Wunsch nach einem so „Unantastbaren" begegnen können. Das vollzieht sich in den verschiedenen Weisen der Begegnung von Personen (bis in die intime Weise des ehelichen Ergreifens des anderen in seiner Unantastbarkeit und Selbständigkeit). Wie kommt diese ganz andere Erfahrung mitten in unser unübersehbar weites Feld des Machbaren hinein? Die Frage verschärft sich, weil die Nichtverfügbarkeit und Nichtmachbarkeit des Menschen nicht über jeden Zweifel erhaben ist. Durch seine Endlichkeit und seine innerweltliche „Gegenständlichkeit" verleitet er dazu, „behandelt" und zurechtgemacht zu werden wie ein Werkstück, wie eine Figur auf dem Schachbrett verschoben oder wie ein zu planendes Projekt entworfen zu werden. Die Klage darüber und der Grund zu dieser Klage füllen heute die Welt an.

Es gibt nur ein einziges Wesen, das von sich selbst her, unverwechselbar nicht in der Verfügung des Menschen steht: Gott. Die Kategorien des Machens, Herstellens, ja sogar des Leistens sind vor ihm sinnlos. Gott wird durch diese Kategorien hindurch gar nicht ansichtig. Nun ist er aber nicht jenseits aller Beziehungen; also muß es eine andere Kategorie der Beziehung ihm gegenüber geben. Es ist die Beziehung des Entgegennehmens. Gott gibt es für den Menschen nur, wenn dieser die Erfahrung des Empfangens machen kann, und zwar des totalen Empfangens, wie Gott der ist, der total gibt.

Daraus folgt einmal, daß Gott nicht erfahren werden kann, wenn der Mensch sich weigern würde oder dazu unfähig würde, wesentlich entgegenzunehmen; anderseits ist zu vermuten, daß nirgendwo das Entgegennehmen grundlegender[4] gelernt werden kann als in der Erfahrung des Glaubens, der Gott entgegennimmt. Weiterhin folgt

[4] Das bleibt gültig, auch wenn man mit der Tatsache rechnet, daß es sehr häufig Weisen der Unfähigkeit entgegenzunehmen (und damit auch religiös zu glauben) gibt, die in nichtgelösten psychischen Konflikten ihren Grund haben. Sosehr es die psychische Befreiung des Menschen zum Handeln und zum Entgegennehmen geben muß, auch um letzte Wirklichkeit entgegennehmen zu können, so wenig wird der Mensch entgegennehmen können, auf der ganzen Breite menschlicher Verwirklichung, wenn es für ihn nichts Entgegenzunehmendes gibt, und zwar dann aus eingeengter Denkstruktur oder aus freiem Trotz, was beides nicht als krankhafte Hemmung aus seelischem Konflikt verstanden werden kann.

daraus (worauf wir schon in anderem Zusammenhang hingewiesen haben), daß der andere Mensch in seiner Unableitbarkeit auf die Dauer nicht respektiert werden kann, wenn *der* wesenhaft Unableitbare aus dem Blick gerät[5]. Anders gewendet heißt das, daß der Mensch sich und den Mitmenschen als Wesen erfahren muß, die unter der wesentlichen Rücksicht ihrer Unableitbarkeit aus Kräften dieser Welt (bei allem Hineinverflochtensein in sie, selbst im Hinblick auf ihre konkrete Entstehung, ontogenetisch und phylogenetisch) von dem gegeben sein müssen, der wesenhaft der Unableitbare ist. Das muß man annehmen, wenn man nicht die unbedingte Würde des Menschen unerklärt lassen oder sie leugnen will. Der Mensch erfährt sich also dort, wo er „am meisten" Mensch ist (den anderen und sich gegenüber) als von Gott gegeben. Man kann nicht sagen, diese Erfahrung sei keine solche, in der *ich* mich als von Gott gegeben erfahre, weil dieses Geben Gottes eben alles erst *setzt,* also auch das Ich (das dann erst Erfahrungen machen kann, also nur innerweltliche). Das Herkommen von Gott ist nicht ein Schaffen durch Gott, das in dem Maße aufhört, in dem das Werk Gestalt gewinnt. Nach dem früher[6] Gesagten wächst der schaffende Einfluß Gottes mit der wachsenden Wirklichkeit des Werkes. So erfährt der Mensch erst dann sich als Mensch voll und wesentlich, wenn er sein Herkommen von Gott erfährt (so verschieden die Weisen dieser Erfahrung sein mögen).

Dazu kommt ein weiterer Punkt. Eine solche Erfahrung des Annehmens hat die Eigenart, daß das Angenommene nie in den Besitz des Menschen übergehen könnte. Es ist derart ein Annehmen des Gebens, daß das Geben nicht vom Nehmen verschlungen werden kann. Sowenig wie das Geben Gottes einmal in eine insichstehende Realität übergehen und damit überflüssig werden könnte, so wenig kann das *Entgegennehmen* von Gott durch einen *Besitz* abgelöst werden; daß also der Mensch am Ende Gott besitzen könnte.

Überall dort, wo personal gegeben und genommen wird, ist ein Größeres im Spiel, das *als* solches entgegengenommen wird und bei

[5] Die kühnen, aber bodenlosen Versuche, die Absolutheit des anderen Menschen weiterhin zu behaupten, ohne daß dafür der entsprechende absolute Grund zur Kenntnis genommen wird, können trotz und wegen der „Selbstverständlichkeit" der Behauptungen nicht überzeugen (vgl. *Sölle,* Atheistisch an Gott glauben? 93; *Schulz,* Philosophie 631 u.ö.).

[6] Siehe o. 104f.

allem Nehmen nicht verfließt und aufgeht in dem Nehmen des Partners. Entgegennehmen ist also nicht einfach eine Erweiterung des aktiven und potenten Ich des Empfängers, ein Wissens-, Erfahrungs-, Fertigkeits- und Machtzuwachs. Im Entgegennehmen erscheint und bleibt das unauflösbare Andere und Größere, von dem der Mensch lebt[7]: eben nicht entmachtend, sondern lebendigmachend. Das klingt sehr abstrakt und für den realen Lebensvollzug unwichtig. Es wird uns im nächsten Punkt[8] deutlicher werden können, welche religiöse Bedeutung diese Überlegungen gewinnen.

Zuvor muß die Frage nach der Entgegennahme des Absoluten in einer anderen philosophischen Überlegung verdeutlicht werden. Es geht um die Begründung von Ethik und sittlicher Freiheit. Von dem heute festzustellenden Verlust des Ethischen wurde schon gesprochen[9]. Nun kann nach sehr verbreiteter Überzeugung Ethik nicht mehr im Absoluten begründet werden[10]. Daß der Verlust des Ethischen mit der Weigerung, dieses im Absoluten zu begründen, zusammenfällt, kann nicht gut als Zufall bezeichnet werden. Ethik, die in praktischen Zielsetzungen *begründet* wird, hört auf, Ethik zu sein. Wenn sie „im Selbsteinsatz aus Freiheit" gründen soll[11], gründet sie im zu Begründenden, das heißt, sie hängt in der Luft. Es gibt aber nach wie vor einen menschlichen Vollzug, der nicht von der Sache her bestimmtes Machen ist, sondern Entscheidung über sich selbst (nicht über die Sache) ist, Vollzug seiner selbst und Gabe (oder Verweigerung) seiner selbst; es ist ein Vollzug, der Werden des Menschen selbst ist in einem wesentlichen Sinne, eine wahre „Selbstrealisation", die aber ihren Maßstab und ihre Handlungsanweisung nicht von der „technischen" Machbarkeit von Dingen oder von gesellschaftlichen Verhältnissen erhält. Der Mensch kann sich aber doch nicht in sich allein, sondern muß sich „im anderen" vollziehen, also konkret in der unübersehbaren Fülle heutiger Aufgaben? Das muß er, und das ist heute nicht *wesentlich* anders als für Aristoteles. Er muß sich im anderen, im Material der Welt, vollziehen, aber eben *sich*. Wenn er nur das andere vollzieht, ist er (tiefer gesehen) der Anstoß dafür, daß ihn das andere vollzieht (sosehr er sich allein bestimmend zu sein

---

[7] Einige Gedanken zum Begriff des „Leben-von-etwas" vgl. *Muschalek*, Notwendigkeit Gottes 92f.

[8] Siehe u. 121f. [9] Siehe o. 62f.; 66f. [10] So *Schulz*, Philosophie 631, 633 u.ö.

[11] So *Schulz*, a.a.O. 631.

dünkt). Die Folge davon ist, daß nicht mehr *er* lebt, also er nicht mehr Subjekt wahrer Freiheit ist. Es könnte von daher deutlicher werden, daß wahre Freiheit und damit wahre Selbstverwirklichung nur gelingen kann, wenn der Mensch vom Absoluten her die Möglichkeit erhält, unabhängig und frei von allem, was nicht er ist, auf alles, was nicht er ist, also auf „Welt", einzugehen, wahrhaft überlegen und nicht in geheimer, aber lebensnotwendiger Abhängigkeit von dem, was „Welt" ist.

Daß ein hohes Entgegennehmen hohe Freiheit und Selbständigkeit gewährt, kann an jenem Verhältnis zu Gott gesehen werden, das nach landläufiger Meinung die Eigenwirklichkeit des Menschen am meisten aufhebt: in der Mystik. Sowohl von der christlichen Mystik wie von der außerchristlichen wissen wir, daß sie nach Auskunft derer, die sie erfuhren und deuteten, dem Menschen Freiheit, Finden des Selbstandes und der Weltzugewandtheit gab[12].

Entgegennehmen Gottes und Freiheit als gemeinsam wachsende Größen: es wäre immerhin zu fragen, ob J. Friese[13] nicht damit recht hat, daß der säkularisierte Mensch sich der Freiheit nicht mehr gewachsen fühlt (mit all den Folgen, die das mit sich bringt). Das Schwinden der Gotteserfahrung wäre dann nicht mehr so sehr Ergebnis eines größeren (oder sogar erstmaligen) Freiheitsbewußtseins, wie umgekehrt das Anzeichen dafür, daß dem Menschen der Grund für seine Freiheit entschwindet, und damit natürlich auch der Mut und die Bereitschaft zu ihr[14].

---

[12] *Walgrave,* Salut 65. Das gilt von der *echten* Mystik, nicht von jener Scheinmystik, die nur Flucht aus dieser Welt in eine *andere* ist, also in eine von dieser absetzbare, abgrenzbare und somit in eine endliche Scheinwelt. – Dasselbe Ergebnis findet sich in der Theologie der Mystik von J. Maréchal; vgl. dazu *Muschalek,* Verinnerlichung 144ff.

[13] *Friese,* Welt 70.

[14] Man wird die Darstellung all der Fehlformen der Abhängigkeit von Gott, die nicht Freiheit, sondern Unfreiheit bringen, vermissen, und das mit Recht. Es ist in der Kirchen- und Frömmigkeitsgeschichte unübersehbar, daß es einen erdrückend großen Anteil an entmündigender religiöser Unfreiheit gibt, gewählt von denen, die Gläubige sein wollen, und vermittelt von denen, die Abhängigkeit anderer brauchen. Das Studium dieser Fehlformen wäre eine Monographie für sich (ein Versuch in dieser Richtung: *O. Pfister,* Das Christentum und die Angst). Mißglückte menschliche Verwirklichungen widerlegen aber nicht die Möglichkeit und Notwendigkeit dieser Verwirklichungen, wenn sie sich dem Denken als möglich und notwendig erweisen (und sogar in der Praxis auch als geglückt erfahren werden können).

## *3. Annahme der Gnade*

Wir sprachen davon[15], daß in heutiger Theologie eine Tendenz besteht, Gnade in Natur aufgehen zu lassen; auch ein bestimmtes Verständnis der Transzendenz Gottes und seines Handelns schien uns diese Entwicklung zu fördern. Wir hatten dann[16] die erste Klärung dahingehend erreicht, daß wir sagten: Gott darf nicht als knechtende Herrschaft (er muß also als transzendenter) erfahren werden; und darf (anderseits) nicht als nichtige Transzendenz erfahren werden (also als eine, die nicht mehr ist als Welt mit ihrem Rand zum Unendlichen). Wir hatten weiterhin gesagt[17], daß der Mensch sich, um Mensch sein zu können, von Gott gegeben immer wieder erfahren muß. Hier ist nun zu versuchen, den abgegrenzten Bereich zu füllen. Wie muß eine Gnadenerfahrung aussehen, die Erfahrung der *Gnade Gottes* ist, also weder einfach verfließt mit der Erfahrung des Guten der Welt (sosehr sich *in* diesem Gnade offenbaren kann) noch innerweltliche Gestalt erhält (eine reale oder projektierte), mit der dann Gnade Gottes identifiziert wird (sei es ein Ereignis, ein Mensch, eine Sache). Sosehr wiederum in dieser zweiten Weise, Gnade erfahren zu wollen, wahre Gnadenerfahrung gegeben sein kann, so sehr ist eine einfache *Identifizierung* eher aus dem Wunsch geboren, eine endliche Macht „von Gott her" zu finden, der man sich unter Verzicht auf eigene Freiheit unterwerfen kann.

Das Wirken Gottes in Jesus Christus zum Heil der Welt, also sein Herbeiführen des Reiches, ist nicht dann schon als Gnade verstanden und erfahren, wenn es etwas ist, was das Vermögen des Menschen auf die Verwirklichung des Reiches Gottes hin aktuiert. Wenn nur das gesagt und gesucht wird, ist Gottes Heilshandeln von seiner Begründung der Schöpfung nicht mehr zu unterscheiden[18]; Gnade Gottes wäre somit spurlos in die Aktivität des Menschen aufgelöst, oder, im besseren Fall, sie könnte nur noch ineins mit dem Sich-insgesamt-Verdanken des Menschen erfahren werden, so wie der Mensch dankbar entgegennimmt, daß er gehen kann, Hände hat, Natur um sich herum vorfindet. Gnade wäre aber nicht mehr zu erfahren als ein Handeln Gottes zu

[15] Siehe o. 63. [16] Siehe o. 106ff. [17] Siehe o. 115ff.

[18] Fachtheologisch gesprochen sind dann Natur und Gnade nicht mehr zu unterscheiden, auch nicht eine Natur im dogmatischen Sinn; zu dieser Unterscheidung vgl. *Rahner*, Natur und Gnade 326ff.

einem bestimmten Ziel, das mit dem geschichtlichen Heil des Menschen zu tun hat.

Es geht nicht darum, die theologisch gewonnene „Einheit" von „Natur" (als erfahrener, konkreter Wirklichkeit) und Gnade wieder aufzulösen, die Karl Rahner und andere herausgestellt haben, zugunsten etwa einer Erfahrung von konkretem Geschehen und Einfluß, unterschieden von sonstiger Weltwirklichkeit, also von einer innerweltlich begrenzten Größe. Dies wäre eben weder Gottes Handeln, soweit es identisch mit Gott selbst ist, noch wäre es Gottes Handeln, insoweit es eine Wirkung hat: Diese kann nur eine Weltwirklichkeit sein, die auch ihre innerweltlichen Ursachen hat[19].

Und doch muß Gnade als Gnade erfahren werden können, wenn dieses Wort nicht völlig leeres Wort für eine Weltwirklichkeit sein soll, die ganz anders zu erklären wir endlich gelernt haben. Dieselbe Wirklichkeit (so und so aus dem Netz der innerweltlichen Ursachen und somit von Gott hervorgebracht) *kann als Gnade, das heißt als geschichtliches Handeln Gottes zu meinem und zu der Menschheit geschichtlichem Heil verstanden und erfahren werden und w i r d dann auch eine entsprechend andere.* Es ist naturwissenschaftlich-technische Blickverengung, die Wirklichkeit, die wir vorfinden, als fixe Größe zu betrachten, die (bei aller Rätselhaftigkeit) doch nur von dem Geflecht kausaler Beziehungen bestimmt wird und mehr nicht *sein* kann. Wenn diese (für die Naturwissenschaft notwendige) Beschränkung aufgehoben wird, ist die Erfahrung einer Weltwirklichkeit, die innerweltlich ganz anders „plausibel" ist (ein Ereignis etwa oder ein Handeln eines anderen Menschen), Erfahrung eines Heilshandelns *Gottes.* Das ist nicht eine Bedeutung, die ich ihr willkürlich zulege, sondern die weitere Erfahrung dessen, was das Vorkommnis *ist,* über seine technisch-pragmatische Außenseite hinaus.

Die Frage, um die es geht, ist die, ob ein Geschehen, ein Zusammenhang von Ereignissen, ein innerer Vorgang der Erfahrung als ein Handeln Gottes erfahren werden kann, das mehr ist als das Setzen von allem und jedem in seine eigene Wirklichkeit durch den absoluten Seinsgrund, also den Schöpfer. Ein solches schöpferisches „Handeln" Gottes verleiht der Wirklichkeit und ihren Strukturen jene Bedeutung, die sie unverlierbar an sich tragen und für die die Naturwissenschaft (in

---

[19] Vgl. oben 105f.

einem weiten Sinn) der angemessenste Weg ist, sie zu entziffern. Es sind festliegende Bedeutungen, im Rahmen des Spielraumes offener naturgesetzlicher Beziehungen, und sind nicht geschichtliche Bedeutungen, die diese Ereignisse und Begegnungen zu geschichtlichen *Ereignissen* machen.

Wenn wir Wirklichkeit nur in ihrer ungeschichtlichen Bedeutung (also „naturwissenschaftlich" im weiten Sinn) und das, was wir Geschichte nennen, nur als Handeln der Menschen verstehen und erfahren, ist Gott der Gott des Deismus[20], der eigentlich aufgehört hat, Gott zu sein. Ein geschichtlich nicht mehr handelnder Gott ist ungefährlich, unwirksam und damit uninteressant[21] und eigentlich tot[22]. Unter der Rücksicht der Gnadenerfahrung muß man sagen, daß man dann gerade das tut, was man am Beginn der Bemühung, Gnade der Natur anzunähern, überwinden wollte: man läßt die Realität „Gnade" extrinsezistisch werden, also zu etwas, das außerhalb der realen Bedürfnisse und Erfahrungen des Menschen liegt. Denn Gnade ist ja dann, wenn sie spurlos in der (von Gott gesetzten) Natur aufgegangen ist, etwas, das ich – wenn ich überhaupt noch von Gnade sprechen will – rein begrifflich als Wirklichkeit statuieren muß, in Abhebung vom real Erfahrbaren. Man siedelt dann Gnade in einem Raum an, der grundsätzlich geschieden ist von der Erfahrung des menschlichen Tuns und dessen Möglichkeiten. Das aber ist gerade die Misere des Gnadenextrinsezismus. Daß *Gott* das Reich herbeiführt, ist dann bloßes Wort, dem keine Erfahrung und keine Entscheidung auf der Seite des Menschen entsprechen. Daß ein wahrhaft gutes Tun des Menschen in der konkreten Ordnung gnadenhaftes Tun ist, wird richtig sein, *wenn* man zu der sittlichen Gutheit des Tuns als notwendige Bedingung dazuzählt, daß der Mensch die Möglichkeit zu diesem Tun geschenkt erfahren muß (so unausdrücklich und eingehüllt in andere Vorstellungen dies sein mag). Ein gutes Tun, das sich aus radikal autonomer Wirkungsmacht des Menschen hervorgehend versteht, wird nicht wahrhaft gut sein können, wenigstens in der Tiefe und auf die

---

20 Vgl. dazu die Bemerkungen in meinem Aufsatz: Notwendigkeit Gottes, vor allem 77f. und 87f.

21 Ein höheres geistiges Wesen, das unbestimmbar und dessen Absichten unerkennbar sind, ist nach *Freud* (Illusion [X] 378) gefeit gegen den Einspruch der Wissenschaft, aber auch ohne Interesse für den Menschen.

22 *Ebeling*, Heil 8.

Dauer nicht; das könnte nach all dem Gesagten verständlich sein. Es ist also durchaus nicht so, als könnte die paulinische Lehre von der Rechtfertigung aus Glauben ohne „Werke" (eine Lehre, die, wir wir sahen, in anderen Schriften des Neuen Testamentes ihr Äquivalent hat) heute keine Bedeutung mehr haben[23].

Da es darum geht, Gnade in irgendeiner Weise (die auch die implizite einschließt) als *solche* zu erfahren, also abgesetzt von der Weltwirklichkeit, ist diese Erfahrung des geschichtlichen Handelns eines Gottes in Gnade eben doch nur in irgendeiner Ausdrücklichkeit zu haben, die nicht die der ausdrücklichen christlichen Lehre sein muß, sich anderseits aber auch nicht in jedem guten Tun (als sachgemäßes Tun verstanden) findet. Von hier aus wird deutlich, daß zwar sehr häufig mit einer Verborgenheit von Gnadenerfahrung unter einer anderen Deutung zu rechnen sein wird (aus der christlichen Hoffnung heraus, daß die Gnade Gottes sich nicht als schwach erweist), daß aber anderseits die eigentümliche Bedrohung der Annahme der Gnade Gottes gerade darin besteht, sie aufgehen zu lassen in solcherart „Einschluß" in welthafter und menschlicher Wirklichkeit, so daß aus Gnade Macht von Weltkausalität und menschlicher Aktivität wird. Anzeichen dafür kann manches von dem sein, was wir „naturhaft-technische Vorstellung vom Heil" nannten. Anzeichen dafür wird auch sein, daß in allem menschlichen Tun das Warten, das Hoffen (als Geduld), das Vertrauen in Lenkung der Geschichte des einzelnen und der Welt (genannt Vorsehung), die überlegene Gelassenheit, daß das Eigentliche des menschlichen Lebens gegeben wird und schon (verborgen) gegeben ist, schwinden oder ausgefallen sind.

Freilich entsteht an diesem Punkt wieder, und nun verschärft, die drängende Frage des politischen Zeitalters, also jene Frage, die in wachsender Dringlichkeit von der Mitte des 19. Jahrhunderts an gestellt wird, ob diese Art von Gnadenerfahrung nicht (von allem anderen abgesehen) gegen die fundamentale Aufgabe des Menschen verstößt,

---

[23] Daß sie heute weithin abgeschrieben ist, ist vielfältig belegbar. Die reformatorische, aus dem 16. Jahrhundert übernommene Rechtfertigungslehre untergrabe „den Willen des Menschen zu verantwortlicher, tätiger Weltgestaltung und Zukunftsbewältigung" (Jubiläum 10); vgl. auch das zusammenfassende Urteil über den Verlust der Rechtfertigungslehre bei *Bornkamm,* Paulus 145; und den Blick auch schon auf die alte Kirchengeschichte *Harnack,* Geschichte 86–103 u.ö. Immerhin relativiert dieser Blick auf die alte Geschichte das, was wir oben 59–77 über heutiges Unverständnis für derartige Gedanken (theologischer oder philosophischer Art) sagten.

mit letztem Einsatz seiner Aktivität die Welt umzugestalten. Auf diese Frage sollen, weithin nur als Zusammenfassung bisheriger Ergebnisse, die folgenden Überlegungen eingehen.

### *4. Handeln an der Welt aus entgegengenommener Freiheit*

Die heutige Zeit steht ohne Zweifel vor Aufgaben, deren Dimensionen und deren Dringlichkeit sich mit Aufgaben anderer Zeiten nicht vergleichen lassen. Die enge Verflechtung der ganzen Welt miteinander, die das Leben aller bedrohende Überbevölkerung, die Zerstörung des natürlichen Lebensraumes durch die Begleiterscheinungen der Technik, die auch daraus erwachsende Gefahr weltweiter Konflikte – zusammen mit den katastrophalen Möglichkeiten der militärischen Vernichtungswaffen –: dies sind Stichworte, die einige (nicht alle) Gründe für die riesenhaften Dimensionen heutiger Aufgaben nennen. Dazu kommt, in unmittelbarer Verbindung damit und von weiterher, aber aus manchen gemeinsamen Wurzeln, das heutige Bewußtsein, daß Menschsein sich nicht mehr wie früher, in „Innerlichkeit" vollziehen dürfe, sondern sich nach außen, zu den Weltstrukturen und Weltaufgaben wenden müsse[24].

Von dieser Situation aus kann alles bisher Gesagte wie der Versuch eines Rückzugs in die Innerlichkeit erscheinen, der vielleicht von der Angst vor den Weltaufgaben diktiert ist. Ein genaueres Durchgehen der vorangehenden Überlegungen muß allerdings zu einem anderen Schluß führen. Diesen Schluß hier ausdrücklich zu machen, ist jetzt die Aufgabe. Der Schluß lautet, thesenhaft zusammengefaßt, daß erst durch diese Art des wesentlichen Entgegennehmens menschlicher Freiheit der Mensch die wahre Möglichkeit erhält, seine Weltaufgabe zu übernehmen.

---

24 „Was innerliches Licht war, wird zur verzehrenden Flamme, die sich nach außen wendet" (*Marx,* Doktordissertation 17). „Die Intention, das welthafte Gebundensein abzuwerten und im Inneren die eigentliche Welt aufzubauen, ist dem christlichen Denken entsprungen, und von hier aus hat sie sich als maßgebende Tendenz in der gesamten abendländischen Geistesgeschichte durchgesetzt. Im *Gegenzug* zu dieser Tendenz gilt es, das Verflochtensein des Menschen in die Äußerlichkeit allgemeiner Lebensverhältnisse als Faktum anzuerkennen und deren Gestaltung als Aufgabe zu übernehmen. Diese Übernahme aber ist nur möglich, wenn man begreift, daß der Mensch kein für sich seiendes Subjekt ist, sondern daß er in einem Geschehenszusammenhang steht, den er ebenso zu vermitteln hat, wie er durch ihn vermittelt ist" (*Schulz,* Philosophie 249).

Zu Beginn wird es gut sein, auf ein sehr einfaches, aber um so falscheres Denkklischee einzugehen. Es ist dies die simple Alternative: Entweder ist der Mensch tätig (in dem Vorstellungsrahmen heute notwendiger Tätigkeit, von der wir eben sprachen) oder er ist untätig (und damit natürlich ein unlebendiges, in Totenstarre verfallenes Wesen). Wenn nun noch dazukommt, daß der Mensch eine allem vorausgehende Tat Gottes an ihm anerkennen solle, die von ihm nur mit Passivität beantwortet werden kann, wie es scheint, ist die Unerträglichkeit einer anderen Vorstellung als der, die Aktivität in den Strukturen der Welt und der Gesellschaft für allein wichtig hält, deutlich spürbar.

Zum Glück ist der Mensch nicht auf so einfache Verhaltensschemata zu reduzieren. „Tat" des Menschen beginnt nicht mit dem Tätigsein in den Strukturen der Welt und der Geschichte, sondern dort, wo der Mensch sich selbst vollzieht. Das ist nicht identisch mit Handeln nach außen, sondern ist zunächst und zuerst die unsichtbare Voraussetzung für dieses Handeln. Wenn wir bei den zwei Weisen der „Tat" des Menschen auf ihren Richtungssinn achten, müssen wir sagen, daß die Polarität darin besteht, daß es ein Tätigsein nach außen hin gibt (das in gröberer oder sublimerer Weise ein Machen und ein Herstellen ist), und daß es auf der anderen Seite (dem eben genannten Tätigsein zugrunde liegend) eine Tat des Menschen gibt, die sich von einem Größeren, von Gott, entgegennimmt und sich in ihm vollzieht. Wir haben in den verschiedenen Etappen unserer Untersuchung gezeigt, daß diese Tat wirklich höchste Aktivität besagt und Freiheit gibt (und nicht etwa nimmt)[25].

Zwischen der Tat, die von Gott entgegengenommen wird (wir können jetzt genauer sagen: in der der Mensch sich als Freiheit von Gott entgegennimmt) und dem Handeln des Menschen an der Welt besteht der Zusammenhang der Ermöglichung. Erst jener Mensch, der sich so von Gott entgegennimmt, kann wahrhaft und auf die Dauer gut handeln. Er hat, das ist das erste, die Freiheit zur Weltnähe. Auch hier ist ein simples Klischee zu zerstören, das Weltnähe mit der Enge und

[25] Daß dies nicht etwa nur Übernahme heutiger philsophischer Vorstellungen ist, zeigt zunächst die Theologie des Alten und Neuen Testamentes, kann aber auch ein Zitat von Harnack aus einer Vorlesung, die er 1899/1900 hielt, zeigen: „An den lebendigen Herrn und an ein ewiges Leben zu glauben, ist die *Tat* der aus Gott geborenen Freiheit" (*Harnack*, Wesen 103). Auch das, was *Heidegger* (Sein und Zeit 300f.) über „Entschlossenheit" sagt als jene eigentliche Aktivität, die noch nicht Handeln ist und *vor* der Unterscheidung in theoretisches und praktisches Verhalten liegt, gehört hierher.

Häufigkeit des äußeren Kontaktes mit der äußeren Wirklichkeit gleichsetzt. Die Quantität und die Häufigkeit des „Kontaktes" mit dieser Weltwirklichkeit, sei es in der unmittelbaren Erfahrung, sei es im tätigen Eingreifen in sie, wird unvermerkt zur Qualität der Weltnähe und Weltzuwendung. In einem gewissen Sinn ist das Gegenteil richtig. Nur eine Weltdistanz, die sich der Mensch schafft, eröffnet ihm Weltnähe. Das ist an der Entstehung menschlicher Kultur abzulesen; denn nur in dem Maße, in dem der Mensch sich freimachen konnte von der hautengen Nähe der Weltwirklichkeit, gewann er den Raum, Welt in einer ganz neuen und unvergleichlich intensiveren Weise nahezukommen (das Klischee des Gegensatzes von Innerlichkeit und Weltnähe offenbart hier wieder seine Dürftigkeit). Diese Möglichkeit zu Weltnähe aus dem gewonnen Abstand heraus ist ein Vorgang sowohl in der Menschheitsgeschichte wie in der Geschichte des einzelnen.

Die Distanz, die Nähe ermöglicht, hängt aber wiederum von Bedingungen ab. Wir hatten oben[26] Gerhard v. Rads Äußerung über den „rätselhaften Mut Israels zum Weltlichen" und seine „Gelassenheit im Weltlichen" erwähnt, die sich daraus erklärt, daß Israel den „Kultus sozusagen im Rücken" hatte. Man muß dies als Grundgesetz ansehen. Der Mensch wird nur dann sich mutig *und* gelassen der Welt zuwenden können, wenn er den Rücken frei hat von unbekannten Mächten, die den Menschen absolut, also fraglos und unausweichlich zum Handeln nötigen. Die Rückenfreiheit gewinnt der Mensch erst, wenn er statt der anonymen Mächte den Kultus im Rücken hat, also die bewußte und frei übernommene Verehrung des Absoluten[27]. Dann ist er frei von nötigenden Mächten und frei für das Erkennen und Wählen von Weltaufgaben. Diskussionsloses und unbedingtes Sich-Stürzen auf Weltaufgaben gehört zur ersten Möglichkeit; das, was wir über nüchternes und sachgerechtes Handeln an der Welt sagten[28], ist Verwirklichung der zweiten Möglichkeit. Es ist nicht schwer einzusehen, daß erst diese zweite Weise, an und in der Welt zu handeln, Selbstverwirklichung sein kann.

---

[26] Siehe o. 26 Anm. 37.

[27] Vgl. dazu *Harnack* (Wesen 61) über die Sorge, „die uns zu furchtsamen Sklaven des Tages und der Dinge macht, jene Sorge, durch die wir stückweise an die Welt verfallen"; sie „zerstört die Grundbeziehung zum himmlischen Vater ... und vernichtet so unser inneres Wesen"; ohne sie sind wir frei, kräftig, haben wir unüberwindliche Macht.

[28] Siehe o. 110f.

Es ist aber auch jene Weise, *wirksam* an der Welt zu handeln[29]. Wir müssen bei dem Handeln an der Welt zur „Optimierung der menschlichen Gesamtverhältnisse“[30] drei Ebenen unterscheiden: die „Technik“ der Änderung der Verhältnisse zum Guten, die wertende Planung vor und während der Durchführung und drittens die ethische Bereitschaft, das Gute für die anderen auch zu wollen. Im Zeitalter des technischen Machens gewinnt die erste mit der zweiten Ebene einen eindeutigen Vorrang; die dritte Ebene wird vergessen oder als selbstverständlich vorausgesetzt. Diese Weise der Prioritätensetzung ist bedenklich. Es wird dann wie selbstverständlich vorausgesetzt, daß alle Menschen wahrhaft und selbstlos das Gute wollen; die große Anstrengung beginnt bei der Überlegung, *wie* man wissenschaftlich und technisch der heutigen Aufgaben Herr werden könne.

Ein letzter Aspekt ist noch zu bedenken. Die „Rückenfreiheit“ schaffen wir uns in der konkreten Geschichte nicht in der Verehrung eines anonymen Weltgrundes, sondern in der Verehrung des Gottes, der zum Heil der Welt geschichtlich handelt. Wenn sein Handeln an uns, das uns in Freiheit versetzt, *Heils*handeln ist, dann ist die „Wirklichkeit“ des Handelns Gottes in unserem Welthandeln ebenfalls Heilshandeln. Wiederum ist es so, daß von außen gesehen unsere Tätigkeit in der Welt Gesetzen untersteht und Motive offenbart, die auf ihrer Ebene nichts über ein Heilshandeln Gottes aussagen. Und doch ist von dem Gesamtbild her, das die Offenbarung Gottes in Jesus Christus von der Welt, der Geschichte und dem Menschen entwirft, zu fragen, ob nicht jedes gute Handeln des Menschen, sei es der Bau der Städte, die Versorgung der Menschen, die Behebung von materieller Not oder die ärztliche Bemühung um den Kranken, menschliche Wirklichkeit des Heilshandelns Gottes *ist*[31]. Freilich nicht so (wie es oft dargestellt wird, aber nach all dem Voraufgehenden nicht haltbar

[29] Ich habe in meinem Aufsatz: Theorie und Praxis 145ff. darüber etwas ausführlicher gesprochen.

[30] *Schulz,* Philosophie 470 (u.ö.).

[31] Man wundert sich zu wenig, wie ich meine, über den Auftrag Jesu an die Jünger, Kranke zu heilen (Mk 6,7 par; 16,18). Ist dies nur zeitbedingte Erweiterung des Auftrags, das Evangelium zu predigen, oder ist es der Auftrag, einfach Sozialarbeit neben oder an die Stelle der Evangeliumsverkündigung zu setzen, oder ist es eine Weise, in der die Heilsbotschaft Jesu mitgeteilt werden soll, aber als *Heils*botschaft und *Heils*wirken, wenn auch vielleicht in unserer Spätzeit verwirklicht von Menschen verschiedener Berufe?

ist), daß das Bauen an einer neuen Welt an sich schon *als* dieses Bauen mit seiner innerweltlichen Struktur und seinem innerweltlichen Ergebnis und gerade *deswegen,* weil es dieses Ergebnis hat, schon Heilshandeln wäre, also „Verwirklichung" des Reiches Gottes. Es ist dies ein feiner Unterschied, der leicht übersehen werden kann. Erst dann, wenn dieses Handeln als Handeln Gottes zum Heil entgegengenommen wird (in der beschriebenen Weise), verwirklicht *sich* die Herrschaft Gottes *durch* den Menschen. Der Unterschied ist fein und doch, wie es oft der Fall ist, hinabreichend bis in letzte Tiefen, Echtes von Unechtem, Wahres von Unwahrem scheidend.

## III. GEDANKEN ZUM WEG

Eine solche Untersuchung über die Weise, wie Gott handelt, wie sein Handeln erfahrbar wird und welche Aktivität des Menschen diesem Handeln Gottes entspricht, muß unvollständig bleiben, wenn nicht die Überlegungen zum Weg sich anfügen, der einzuschlagen ist, um zu dieser Wirklichkeit zu kommen. Ja, man wird sagen müssen, daß ein solcher Weg in dieser oder jener Weise schon gegangen werden muß, wenn die Wahrheit des Handelns Gottes und des Handelns der Menschen in den Blick kommen soll.

Wenn wir zurückschauen, können wir folgendes sagen: Die biblische Botschaft versteht (bei allen Unterschieden zwischen dem Alten Testament und dem Neuen Testament und wiederum zwischen den einzelnen Schriften und Traditionen der beiden Bücher) das Heil des Menschen als eine Gabe, die Gott gibt, und als ein Sich-Verdanken diesen Taten Gottes, und, im Neuen Bund, der Tat Gottes in Christus. Dieses Entgegennehmen fordert *und* gewährt die ganze Tat des Menschen, die antwortender Glaube und damit neues Leben ist. In dem Entgegennehmen der Tat Gottes muß Gott als Gott erfahren werden, nicht als nichtige Transzendenz und nicht als knechtende Herrschaft. Erst dann ist der Mensch frei zur Nähe Gottes und durch sie zur Weltnähe und Weltaufgabe; denn einbahnige Weltunmittelbarkeit läßt Welt verlieren, oder anders ausgedrückt: rein innerweltliche Aktivität pervertiert.

Welches sind die Wege zu einer Entgegennahme des Handelns Gottes und darin der eigenen Freiheit?

Zunächst muß man damit rechnen, daß es hier um die eigentümliche Schwierigkeit der Änderung des ganzen Menschen, seiner Wertungen, der Gestalt seiner Freiheit geht; es geht eben nicht um ein Verändern der äußeren Wirklichkeit. Das Finden und die Übernahme einer neuen Lebensform haben ihre Schwierigkeit, die mit der Gestaltung der äußeren Welt (bei all ihrer Kompliziertheit) nicht zu vergleichen ist. Hier wird spürbar, daß das Lernen des Glaubenkönnens ein Weg ist, den der Mensch als ganzer frei wählen und einschlagen muß.

Das Besondere *dieser* Aufgabe, Glaubenkönnen zu lernen, bestünde darin, das Handeln Gottes *in* aller Zweideutigkeit, besser: in aller scheinbaren Eindeutigkeit des Weltgeschehens mit seiner kausalen „Plausibilität" zu erfahren. Für uns gibt es die Aufgabe, die Zweideutigkeit jedes Geschehens, die auch das Wirken Jesu für seine Zeitgenossen an sich trug, erst *zu erreichen,* also uns von dem engen Blick zu befreien, der alles, was in der Welt geschieht, eindeutig zu verstehen meint. Die Fähigkeit, eine Mehrdeutigkeit jedes Geschehens zu sehen, ja schon zu erwarten, kann wieder entstehen, wenn man die Haltlosigkeit der Überzeugung von der einzigen Ebene durchschaut und aufhebt.

Dazu gehört aber auch, daß man nicht falschen Faszinationen erliegt. Was zu einer bestimmten Zeit als wichtig, vielleicht als Neuentdeckung proklamiert wird, ist oft schon brüchig und im Entschwinden. Man könnte, wenn der Raum ausreichte, dies an heutigen Wertbegriffen zeigen, wie Gemeinschaft, menschliches Verstehen, Kommunikation überhaupt, Liebe, soziale und politische Verantwortung, Freiheit. Man muß damit rechnen, daß gerade das Gefährdete Programm wird[1]. Das ist zunächst ein notwendiger Vorgang, der Kräfte alarmiert, die an der

---

[1] Diesen Vorgang gab es wohl immer schon, jedenfalls auch in der griechischen Antike. „Bildung" gab es als Programm erst, als Bildung bei den Sophisten in die Krise geriet. „In der Zeit des Aufbruchs und des höchsten Glanzes der griechischen Dichtung und Kunst gab es, so paradox das klingen mag, Eines noch nicht, nämlich die griechische Bildung. Solange griechische Frömmigkeit, griechische Neugier, Weltoffenheit, Wettstreit und Lebensfreude noch ungebrochen sich entfalten konnten, bedurfte es nicht jener Reflexion, aus der bewußte Bildung erst entsteht. Eine solche Reflexion beginnt erst in der Krise der griechischen Welt bei den Sophisten, mit denen der Begriff der Paideia auftritt und nunmehr zum zentralen Thema der Selbstbesinnung der griechischen Menschen wird" (*Picht,* Theorie und Praxis 114f.).

gefährdeten Stelle konzentriert werden. Dieser Vorgang zeigt damit aber auch seine bedenkliche Seite. Was gefährdet ist, wird als wichtig proklamiert: Bewußt ist dabei meist nur die Proklamation der Wichtigkeit, nicht die Gefährdung, aus leicht verständlichen Gründen. Damit ist dann das Mißverständnis gegeben, als wäre das so Proklamierte doch triumphaler Besitz (da sich ja alle Kräfte um es herum versammeln), vielleicht etwas, das nie zuvor als Wert gesehen und geschätzt worden ist. Diese Mißdeutung muß Folgen haben für die reale Einschätzung des Wertes, um den es geht, aber auch für andere Bereiche, die nicht dieser Wert *sind*, aber vielleicht notwendige Voraussetzung für ihn darstellen. In unserem Fall wäre es so, daß Weltwerte enthusiastisch (oder auch trotzig, verzweifelt) bejaht werden, weil man spürt, daß sie entgleiten. Es bleibt dann nichts an Kraft, Aufmerksamkeit und Zeit übrig für jenen Bereich, der, wie wir sagten, gelassene Weltnähe erst möglich werden läßt: der Bereich der Entgegennahme eigener Freiheit von der Tat Gottes her.

Wenn die Freiheit für den Bereich „hinter" den unmittelbaren Weltaufgaben wieder gewonnen würde, könnte in ihm das Entgegennehmen gelernt werden. Lernen ließe sich das Entgegennehmen an dem, was Glaube an Gott ist. Es gilt aber auch das Umgekehrte, daß die Fähigkeit zum Entgegennehmen die Voraussetzung dafür ist, glauben zu können. Entgegennehmenkönnen also als Frucht und Voraussetzung des christlichen Glaubens: Eine solche Doppelbeziehung findet sich auch sonst in Lebensvorgängen, weil Leben nie einbahnig verursacht wird, sondern im Entstehen seine eigene Ursache unter gewisser Rücksicht erst schafft.

Hier ist auch der tiefere Grund dafür, warum für viele Menschen die Glaubensunfähigkeit in tiefliegenden psychischen Unfähigkeiten begründet ist, eben zum Beispiel in der Unfähigkeit, von einem anderen, der immer unter gewisser Rücksicht auch der Größere ist, entgegennehmen zu können. Umgekehrt, wenn auch weniger aktenkundig, wird es geschehen, daß jemand eine reiche Fähigkeit, entgegenzunehmen und zu geben, hat, weil er aus dem Wissen lebt, daß das Wesentliche seines Lebens von einem absolut reichen und sinnvollen Ursprung entgegengenommen werden kann (und nicht an einem Nichts befestigt werden muß). Entgegennehmen hat seine menschlichen, wie auch seine religiösen und kultischen Zeichen, die *anzeigen*, daß in der unsichtbaren Tiefe entgegengenommen wird, und die *bewirken* (wie eben ein

Zeichen das Bezeichnete hervorrufen kann), daß Bereitschaft und Fähigkeit zum Entgegennehmen wachsen. Man wird nicht fehlgehen, wenn man sagt, daß unsere vielfältigen Formen neuer Liturgie an *diesen* Zeichen gerade nicht reich sind, sondern Zeichen des allseitigen *Tätigseins* aller Beteiligten bevorzugen.

Zum realen christlichen Entgegennehmen würde auch ein bewußtes Verhältnis zu Leid, zu Tod, ein Anschluß an den Gekreuzigten (gerade auch als Annahme innerweltlichen Scheiterns, wo es auferlegt wird) gehören. Auch das scheint einer neugewonnenen Höhe menschlicher Aktivität zu widersprechen. Diesen Schein aufzulösen wäre notwendig, einmal damit christlicher Glaube das ist, als was die neutestamentliche Botschaft ihn versteht, und daß er zum anderen auch jenes ist, was eine unersetzbare Aufgabe in dieser Welt hat. Ein diesseitiges Christentum ohne ständiges Herkommen von einem weltjenseitigen Bereich und ohne ein ständiges Hingehen auf ihn ist kraftlos, freudlos *und* auch unwirksam (tiefer gesehen) gegenüber den Weltaufgaben. Es ist uninteressant und im Grunde auch unverständlich. Umgekehrt erhalten viele gängige Fragen erst dann ihre Antwort (oder werden gar nicht gestellt), wenn der Glaube an die Vollendung der Welt als sein letztes Wort nicht das welthafte Tätigsein hat, sondern das Leiden und den Tod in dem, der durch den Tod die Herrschaft Gottes begründet hat; wenn also der Christ an eine Vollendung der Welt durch die Tat Gottes glauben kann, eine Vollendung, die sich jeglichem Planen des Menschen entzieht. Fragen wie: „Was leistet das Christentum, wie verwandelt es menschliches Leben? Warum bringt es nicht die volle Freiheit und das volle Gelingen des Menschenlebens mit sich?" haben dann nicht mehr den Raum, den sie sonst beanspruchen.

Das Verhältnis zur Geschichte wird sich aus einer solchen Umorientierung wandeln. Geschichte als Fortschritt ist zwar eine Notwendigkeit geworden, ein „Verhängnis", um ein Wort von Karl Löwith aufzunehmen[2]. Das moderne Verhältnis zur Geschichte kann sich aus vielen auch äußeren Gründen nicht mehr davon lösen, Geschichte als ständig vorangetriebenes Fortschreiten zu begreifen. Die Fortschrittsidee, die ihren Anfang im 17. Jahrhundert nahm, trat an die Stelle des Glaubens an eine Vorsehung Gottes[3]. Aufgabe wäre auch hier, Ein-

---

[2] *Löwith,* Das Verhängnis des Fortschritts.

[3] *Löwith,* Weltgeschichte 11, 62, 99–108.

engungen zu überwinden und Fortschritt, soweit es ihn in dieser noch weitergehenden Zeit gibt und geben muß, umfaßt sein zu lassen von einem Glauben an eine Vorsehung Gottes. Der Fortschritt selbst würde durch die Einfügung in diesen größeren Rahmen wohl an Absolutheit (und damit an Verbissenheit) verlieren, aber an Sachgemäßheit (in weitem Sinne) gewinnen. Es ginge also darum, Fortschritt durch Vorsehung zu humanisieren.

Schließlich ist der Weg zu einem neuen Entgegennehmen von Gottes Tat und damit von Gott selbst nicht zu finden und zu sehen, ohne daß es die Gemeinschaft der Kirche gibt. Nun ist es nicht zu leugnen, daß durch die Jahrhunderte seit Konstantin die Kirche ihren Heilsauftrag in eigentümlicher Weise mit einem Welt- und Kulturauftrag verbunden hat, in gewissem Maße verbinden mußte. Das brachte mit sich, daß das Heil Gottes, das sie kündete und vermittelte, auf weite Strecken innerweltliche, „kategoriale" Gestalt annahm, wenn wir es so ausdrükken können. Das Heil Gottes erschien in der Gestalt der Erziehung zu einem sittlichen und kulturellen Leben, zu einer Fähigkeit, das menschliche Leben zu meistern, in der Form einer Moral, die in vieler Hinsicht auf Fragen des konkreten menschlichen Zusammenlebens antwortete und somit Aufgaben hatte, die heute säkulare Wissenschaften und Erziehungsformen übernommen haben.

Ohne die schwierige Frage der Berechtigung und der Notwendigkeit einer solchen welthaften Gestalt der christlichen Heilsverkündigung untersuchen zu können, kann man wohl so viel sagen, daß zumindest heute auf der einen Seite das große Bedürfnis besteht (innerhalb des Kreises der glaubensfähigen und glaubenswilligen Menschen), das grenzenlose, unweltliche und dadurch gerade rettende Heil zu erfahren und nicht so sehr die religiös-pädagogische Ausmünzung in ein detailliertes Programm des Lebens und der Sittlichkeit geboten zu bekommen. Es ist nicht zu leugnen, daß die Allergie gegen die detaillierte Lenkung von oben im kirchlichen Raum ihr gutes Stück Berechtigung hat. Eine solche minutiöse Angabe darüber, welche Gestalt das Heil Gottes im Einzelleben des Menschen annehmen müsse, ist verdächtig und hatte ihre Rechtfertigung eben mehr in einer Zeit der Einheit von Glaube und Kultur, in der Glaubensverkündigung und „Sakramentenpraxis" Massenerziehungsmittel waren. Über die Berechtigung dazu hinaus (deren Reichweite nicht untersucht werden kann) ist eine solch weitgehende Umsetzung unfaßbaren Heils in faßbare Normen in

Gefahr, einem verborgenen Machtwunsch zu dienen, jedenfalls überall dort, wo das angemessene und allein mögliche Maß überschritten wird. Wir würden heute viel besser begreifen, wenn ein kirchliches Lehramt oft zu verstehen geben müßte, daß es zu dieser oder jener Frage nichts sagen kann, weil wir von der Offenbarung her darüber nichts wissen. Das immer wieder notwendige „Ich weiß nicht" ist Schutz vor Ideologie. Leerstellen in der Glaubensverkündigung, im Glaubenswissen, in der Weltdeutung würden auf die Herkunft des Glaubens verweisen. Christliche Weltdeutung ist zwar eine letzte, aber nicht eine totale: Letztpunkte des Herkommens und des Hingehens werden genannt, geglaubt, um daraus leben zu können, aber die Punkte werden nicht zu Flächen, zu restlosen Ausdeutungen, und auch der Weg dahin wird nicht in der ganzen Breite vom Evangelium vorgelegt. Die biblische Proto- und Eschatologie muß hierin Vorbild sein.

Damit hängt zusammen, daß ein zurückhaltenderes Sprechen über die zentralen Wirklichkeiten unseres Glaubens wohltuend wäre. Nicht daß man das Wort „Gott" für eine Weile aus dem Sprachgebrauch entfernen sollte, wie da und dort gefordert wird, aber so, daß in jener Zurückhaltung und Scheu von Gott, Jesus Christus und seiner Tat gesprochen wird, die erkennen läßt, daß man in dem, was diese Namen bezeichnen, jene unfaßliche Wirklichkeit entgegennimmt, die heilig ist und eher stumm als geschwätzig werden läßt. Freilich wird sich daran gerade zeigen, ob wir meinen, es mit Realitäten unserer Welt zu tun zu haben, mit denen wir ohne großes Bedenken und ohne große Scheu umgehen können, oder mit einer ganz anderen Wirklichkeit, die ein ganz anderes Verhalten des Menschen verlangt.

# VERZEICHNIS DER ZITIERTEN LITERATUR

In den Anmerkungen wurden nur Kurztitel genannt, für die die vollständigen bibliographischen Angaben hier zu finden sind. Um ein schnelleres Auffinden zu ermöglichen, wurde auf eine sachliche Gruppierung verzichtet; Autoren und Titel sind alphabetisch aufgeführt. Die vollständigen Angaben für die Ausgabe eines Werkes finden sich nur, wenn das Werk zum erstenmal genannt wird.

Bei der Verwendung von Abkürzungen ist das Abkürzungsverzeichnis des „Lexikon für Theologie und Kirche", 2. Auflage, maßgebend, mit Ausnahme der Abkürzungen der biblischen Bücher, für die die neuen ökumenischen Abkürzungen gebraucht werden (vgl. Ökumenisches Verzeichnis der biblischen Eigennamen nach den Loccumer Richtlinien, hrsg. von den Deutschen Bischöfen, dem Rat der Evangelischen Kirche in Deutschland und dem Evangelischen Bibelwerk, erarbeitet nach den Weisungen der Ökumenischen Übersetzerkommission von Klaus Dietrich Fricke und Benedikt Schwank OSB, Katholische Bibelanstalt, Württembergische Bibelanstalt, Stuttgart 1971).

Aristoteles, Die Nikomachische Ethik, eingeleitet und übertragen von Olof Gigon (= Bd. III der Werke des Aristoteles), Zürich 1951.

Auer, Johann, Rechtfertigung. V. Dogmengeschichte, in: LThK VIII, Freiburg ²1963, 1037–1042.

Berdesinski, Dieter, Die Praxis – Kriterium für die Wahrheit des Glaubens? Untersuchungen zu einem Aspekt politischer Theologie, München 1973.

Berg, Ludwig, Autorität. II. Ethisch-moraltheologisch, in: LThK I, Freiburg ²1957, 1133–1134.

Blumenberg, Werner, Karl Marx in Selbstzeugnissen und Bilddokumenten (= rowohlts monographien 76), Reinbek ⁶1968.

Boll, Franz, Vita Contemplativa. Festrede zum zehnjährigen Stiftungsfeste der Heidelberger Akademie der Wissenschaften am 24. 4. 1920, Heidelberg 1922.

Bornkamm, Günther, Jesus von Nazareth (= Urban-Bücher 19), Stuttgart 1956.

Bornkamm, Günther, Paulus (= Urban-Bücher 119), Stuttgart 1969.

Brown, Raymond E., The Gospel according John (= The Anchor Bible 29), Bd. I, New York 1966, Bd. II, New York 1970.

Bultmann, Rudolf, Theologie des Neuen Testamentes, Tübingen ³1958.

Bultmann, Rudolf, Das Verhältnis der urchristlichen Christusbotschaft zum historischen Jesus, Heidelberg ⁴1965.

Cassirer, Ernst, Philosophie und exakte Wissenschaft, Frankfurt a. M. 1969.

Conzelmann, Hans, Grundriß der Theologie des Neuen Testaments, München 1968.

Conzelmann, Hans, Reich Gottes. I. 2. Im NT, in: RGG V, Tübingen ³1961, 914–918.

Cullmann, Oscar, Christus und die Zeit, Zürich ³1962.

Ebeling, Gerhard, Das Verständnis von Heil in säkularisierter Zeit, in: Kontexte IV, hrsg. von H. J. Schultz, Stuttgart – Berlin 1967.

Éliade, Mircea, Heiliges und Profanes in der modernen Welt, in: Éliade, Mircea, Das Heilige und das Profane, Hamburg 1957, 119–126.

Festugière, André-Marie-J., Contemplation et vie contemplative selon Platon (= Le Saulchoir Bibliothèque de Philosophie 2), Paris ²1950.

Foerster, Werner, ἐξουσία, in: ThW II, Stuttgart 1935 (Neudr. Stuttgart 1954), 559–571.

Freud, Sigmund, Die Zukunft einer Illusion, in: Freud, Sigmund, Gesammelte Werke XIV, Werke aus den Jahren 1925–1931, Frankfurt a.M. ⁴1968, 325–380.

Freyer, Hans, Theorie des gegenwärtigen Zeitalters, Stuttgart 1957.
Friedrich, Gerhard, Das Problem der Autorität im Neuen Testament, in: Autorität in der Krise, hrsg. von Gerhard Krems und Reinhard Mumm, Regensburg – Göttingen 1970, 9–50.
Friese, Joachim, Die säkularisierte Welt. Triumph oder Tragödie der christlichen Geistesgeschichte, Frankfurt a.M. 1967.
Fromm, Erich, Psychoanalyse und Religion, Konstanz 1966.
Galling, Kurt, Reich Gottes. I. 1. Im antiken Judentum, in: RGG V, 912–914.
Gawlick, Günter, Wahrheit. II. Philosophisch, in: RGG VI, Tübingen ³1962, 1518–1525.
Grässer, Erich, Die falsch programmierte Theologie. Kritische Anmerkungen zu ihrer gegenwärtigen Situation, in: Evangelische Kommentare 1 (1968), 694–699.
Habermas, Jürgen, Theorie und Praxis, Neuwied – Berlin 1963.
Harnack, Adolf v., Geschichte der Lehre von der Seligkeit durch den Glauben in der alten Kirche, in: ZThK 1 (1891), 82–178.
Harnack, Adolf v., Das Wesen des Christentums (= Siebenstern-Taschenbuch 27), München – Hamburg 1964.
Hegels theologische Jugendschriften, hrsg. von Herman Nohl, Tübingen 1907.
Heidegger, Martin, Sein und Zeit, Tübingen ¹⁰1963.
Hengel, Martin, War Jesus Revolutionär?, Stuttgart ³1971.
Hengel, Martin, War Jesus Revolutionär? Sechs Thesen eines Neutestamentlers, in: Evangelische Kommentare 2 (1969), 694–696.
Hengel, Martin, Die Zeloten. Untersuchungen zur jüdischen Freiheitsbewegung in der Zeit von Herodes I. bis 70 n.Chr., Leiden – Köln 1961.
Horkheimer, Max, Die Sehnsucht nach dem ganz Anderen (= Band 97 der Stundenbücher), Hamburg 1970.
Horst, Friedrich, Gerechtigkeit Gottes. II. Im AT und Judentum, in: RGG II, Tübingen ³1958, 1403–1406.
Jaspers, Karl, Philosophie, Bd. II: Existenzerhellung, Berlin 1932.
Jubiläum – aber keine Reformation. Fragen zu den Gedenkfeiern des Jahres 1967, in: Evangelische Kommentare 1 (1968), 6–12.
Käsemann, Ernst, Gottesgerechtigkeit bei Paulus, in: Käsemann, Ernst, Exegetische Versuche und Besinnungen II, Göttingen ⁴1965, 181–193.
Kant, Immanuel, Kritik der reinen Vernunft (= Philosophische Bibliothek Felix Meiner Bd. 37a), Hamburg 1956.
Kertelge, Karl, „Rechtfertigung" bei Paulus, München 1967.
Krüger, Gerhard, Die Geschichte im Denken der Gegenwart, in: Krüger, Gerhard, Freiheit und Weltverwaltung. Aufsätze zur Philosophie der Geschichte, Freiburg 1958, 97–126.
Krüger, Gerhard, Grundfragen der Philosophie, Frankfurt ²1965.
Kümmel, Werner Georg, Die Theologie des Neuen Testaments nach seinen Hauptzeugen. Jesus – Paulus – Johannes (= Grundrisse zum Neuen Testament. NTD. Ergänzungsreihe Bd. 3), Göttingen 1969.
Lavalette, Henri de, Extrinsezismus, in: LThK III, Freiburg ²1959, 1321–1323.
Lehmann, Karl, Die „politische Theologie": Theologische Legitimation und gegenwärtige Aporie, in: Diskussion zur „politischen Theologie", hrsg. von Helmut Peukert, München 1969, 185–216.
Löwith, Karl, Gott, Mensch und Welt in der Metaphysik von Descartes bis zu Nietzsche, Göttingen 1967.
Löwith, Karl, Theorie und Praxis als philosophisches Problem, in: Mitteilungen – Universitätsbund Marburg, Marburg 1931 (Heft 2), 17–28.

Löwith, Karl, Das Verhängnis des Fortschritts, in: Die Idee des Fortschritts, hrsg. von Erich Burck, München 1963, 17–40.
Löwith, Karl, Vicos Grundsatz: verum et factum convertuntur. Seine theologische Prämisse und deren säkulare Konsequenzen (= Sitzungsberichte der Heidelberger Akademie der Wissenschaften. Philosophisch-historische Klasse 1968, 1), Heidelberg 1968.
Löwith, Karl, Weltgeschichte und Heilsgeschehen, Stuttgart [5]1967.
Lubac, Henri de, Le Mystère du surnaturel (= Théologie 64), Paris 1965.
Maier, Hans, Zwischenrufe zur Bildungspolitik, Osnabrück 1972.
Martin, Gerhard M., Wir wollen hier auf Erden schon ... Das Recht auf Glück. Mit einer Einführung von Jürgen Moltmann (= Kohlhammer T-Reihe), Stuttgart 1970.
Marx, Karl, Doktordissertation, in: Karl Marx, Die Frühschriften, hrsg. von Siegfried Landshut (= Kröners Taschenausgabe Bd. 209), Stuttgart 1968, 12–19.
Marx, Karl, Die heilige Familie, in: Frühschriften 317–338.
Marx, Karl, Thesen über Feuerbach, in: Frühschriften 339–341.
Marx, Karl, Zur Kritik der Hegelschen Rechtsphilosophie (Einleitung), in: Frühschriften 207–224.
Marx, Karl, Zur Kritik der politischen Ökonomie, in: Ökonomische Schriften, 3. Bd., hrsg. von Hans-Joachim Lieber und Benedikt Kautsky (= Bd. VI der Karl-Marx-Ausgabe, Werke. Schriften. Briefe), Darmstadt 1964, 835–1029.
Merzbacher, Friedrich, Die Hexenprozeße in Franken (= Schriftenreihe zur bayerischen Landesgeschichte 56), München 1957.
Moltmann, Jürgen, Existenzgeschichte und Weltgeschichte, in: Moltmann, Jürgen, Perspektiven der Theologie, Mainz - München 1968, 212–231.
Moltmann, Jürgen, Theologie der Hoffnung. Untersuchungen zur Begründung und zu den Konsequenzen einer christlichen Eschatologie (= Beiträge zur evangelischen Theologie 38), München [4]1965.
Mundle, Wilhelm, Der Glaubensbegriff des Paulus, Leipzig 1932.
Muschalek, Georg, Glaubensgewißheit in Freiheit (= Quaestiones disputatae 40), Freiburg - Basel - Wien 1968.
Muschalek, Georg, Gott in Jesus. Dogmatische Überlegungen zur heutigen Fremdheit des menschgewordenen Sohnes Gottes, in: ZkTh 94 (1972), 145–157.
Muschalek, Georg, Die Notwendigkeit Gottes in einer emanzipierten Welt, in: Ist Gott noch gefragt? Zur Funktionslosigkeit des Gottesglaubens, hrsg. von Karl Rahner (= Schriften der Katholischen Akademie in Bayern), Düsseldorf 1973, 75–97.
Muschalek, Georg, Schöpfung und Bund als Natur-Gnade-Problem, in: Mysterium Salutis. Grundriß heilsgeschichtlicher Dogmatik, II, Einsiedeln - Zürich - Köln 1967, 546–558.
Muschalek, Georg, Verinnerlichung der Gotteserkenntnis nach der Erkenntnislehre Joseph Maréchals, in: ZkTh 83 (1961), 129–189.
Oepke, Albrecht, γρηγορέω, in: ThW II 337.
Percy, Ernst, Die Botschaft Jesu. Eine traditionskritische und exegetische Untersuchung, Lund 1953.
Pfister, Oskar, Das Christentum und die Angst, Zürich 1944.
Picht, Georg, Aufklärung und Offenbarung, in: Picht, Georg, Der Gott der Philosophen und die Wissenschaft der Neuzeit, Stuttgart 1966, 43–67.
Picht, Georg, Mut zur Utopie, München 1968.
Picht, Georg, Der Sinn der Unterscheidung von Theorie und Praxis in der griechischen Philosophie. (Und dazu als) Nachtrag: Der Sinn der Unterscheidung von Theorie und Praxis in der Philosophie der Neuzeit, in: Picht, Georg, Wahrheit Vernunft Verantwortung. Philosophische Studien, Stuttgart 1969, 108–140.

Picht, Georg, Struktur und Verantwortung der Wissenschaft im 20. Jahrhundert, in: Der Gott der Philosophen und die Wissenschaft der Neuzeit 68–106.

Preiss; Théo, Die Rechtfertigung im johanneischen Denken: EvTh 16 (1956), 289 bis 319.

Rad, Gerhard v., Der Heilige Krieg im alten Israel, Göttingen [4]1965.

Rad, Gerhard v., Die Josephsgeschichte (= Biblische Studien 5), Neukirchen 1954.

Rad, Gerhard v., Theologie des Alten Testaments, Bd. I: Die Theologie der geschichtlichen Überlieferungen Israels, München 1957; Bd. II: Die Theologie der prophetischen Überlieferungen Israels, München [3]1962.

Rahner, Karl, Die Christologie innerhalb einer evolutiven Weltanschauung, in: Rahner, Karl, Schriften zur Theologie V, Einsiedeln – Zürich – Köln 1962, 183–221.

Rahner, Karl, Die Hominisation als theologische Frage, in: Overhage, Paul / Rahner, Karl, Das Problem der Hominisation (= Quaestiones disputatae 12/13), Freiburg – Basel – Wien 1961, 13–90.

Rahner, Karl, Probleme der Christologie heute, in: Schriften zur Theologie I, Einsiedeln – Zürich –Köln [4]1960, 169–222.

Rahner, Karl, Zur Theologie der Weihnachtsfeier, in: Schriften zur Theologie III, Einsiedeln – Zürich – Köln [4]1961, 35–46.

Rahner, Karl, Über das Verhältnis von Natur und Gnade, in: Schriften zur Theologie I, 323–346.

Rengstorf, Karl Heinrich, Die Auferstehung Jesu. Form, Art und Sinn der urchristlichen Osterbotschaft, Witten [5]1967.

Riemann, Fritz, Grundformen der Angst und die Antinomien des Lebens. Eine tiefenpsychologische Studie über die Ängste des Menschen und ihre Überwindung, München – Basel [7]1972.

Ritschl, Albrecht, Die christliche Lehre von der Rechtfertigung und Versöhnung, Bd. I, Bonn 1870, Bd. II/III, Bonn 1874.

Rüstow, Alexander v., Ortsbestimmung der Gegenwart, Bd. III: Herrschaft oder Freiheit?, Erlenbach – Zürich 1957.

Schlatter, Adolf, Der Glaube im Neuen Testament, Calw – Stuttgart [3]1905.

Schlegel, Friedrich, Athenäumsfragmente, in: Kritische Friedrich-Schlegel-Ausgabe, II. Bd.: Charakteristiken und Kritiken I (1796–1801), hrsg. und eingeleitet von Hans Eichner, München – Paderborn 1967.

Schlier, Heinrich, Das bleibend Katholische. Ein Versuch über ein Prinzip des Katholischen, Münster 1970.

Schlier, Heinrich, Der Brief an die Galater (= Meyers Kommentar VII), Göttingen [12]1962.

Schmidt, Karl Ludwig, βασιλεία, in: ThW I, Stuttgart 1933 (Neudr. Stuttgart 1953), 579–595.

Schmithals, Walter, Jesus und die Weltlichkeit des Reiches Gottes, in: Evangelische Kommentare 1 (1968), 313–320.

Schnackenburg, Rudolf, Basileia, in: LThK II, Freiburg [2]1958, 25–31.

Schnackenburg, Rudolf, Gottes Herrschaft und Reich. Eine biblisch-theologische Studie, Freiburg [2]1961.

Schnackenburg, Rudolf, Metanoia, in: LThK VII, Freiburg [2]1962, 356–359.

Schoonenberg, Piet, Ich glaube an Gott, in: TThZ 81 (1972), 65–83.

Schreiner, Josef, Die Entwicklung des israelitischen „Credo“, in: Concilium 2 (1966), 757–762.

Schrenk, Gottlob, βιάζομαι, in: ThW I, 608–613.

Schulz, Walter, Philosophie in der veränderten Welt, Pfullingen 1972.

Schulz, Walter, Das Problem der absoluten Reflexion, Frankfurt a.M. 1963.

Schweizer, Eduard, Das Evangelium nach Markus (= NTD Teilband 1), Göttingen [2]1968.
Schwemmer, Oswald, Philosophie der Praxis, Frankfurt a.M. 1971.
Simon, Hermann, Kommunismus heute, Mainz 1968.
Sölle, Dorothee, Atheistisch an Gott glauben?, in: Sölle, Dorothee, Atheistisch an Gott glauben, Olten - Freiburg 1968, 77–96.
Thielicke, Helmut, Der evangelische Glaube. Grundzüge der Dogmatik, Bd. I: Prolegomena, Tübingen 1968.
Trübners Deutsches Wörterbuch, Bd. III, hrsg. von A. Götze, Berlin 1939; Bd. VII, hrsg. von W. Mitzka, Berlin 1956.
Vries, Jan de, Etymologisch Woordenboek, Utrecht - Antwerpen 1958.
Walgrave, Jan-Hendrik, Un salut aux dimensions du monde, Paris 1970.
Weissmahr, Béla, Gottes Wirken in der Welt. Ein Diskussionsbeitrag zur Frage der Evolution und des Wunders (= Frankfurter Theologische Studien 15), Frankfurt a.M. 1973.
Wilckens, Ulrich, Was heißt bei Paulus: „Aus Werken des Gesetzes wird kein Mensch gerecht"?, in: Evangelisch-katholischer Kommentar zum Neuen Testament. Vorarbeiten Heft 1, Zürich - Neukirchen 1969, 51–77.

GEORG MUSCHALEK

GLAUBENSGEWISSHEIT IN FREIHEIT

Die stete Tendenz in der Geschichte der Glaubenstheologie, den Schwerpunkt von der Glaubensentscheidung auf die Glaubensformulierung zu verlagern, wie auch die einseitige Intensivierung thomistischer Lehrsätze haben zu einem vorwiegend intellektuellen und satzhaften Glaubensverständnis geführt, das in der Neuzeit in eine ungerechtfertigte Konkurrenz zum Wissen getreten ist. Muschalek stellt fest, daß man in Zeiten großer Ungewißheit und Unsicherheit wie der heutigen deutlich sehen sollte, daß der Inhalt des Credo nicht Endpunkt, sondern Ausgangspunkt jeder Glaubensbemühung ist. Im Blick auf diese Situation unterzieht der Verfasser die überlieferte Glaubenstheologie anhand der Schrift einer kritischen Prüfung; er legt als Richtschnur für eine Neubesinnung auf den Glauben und seine Gewißheit einige Grundzüge einer biblischen Glaubenslehre dar und versucht, daran anknüpfend, die aktuelle Frage zu beantworten, wie der Mensch in der heutigen Zeit in Christus und seiner Kirche ein gläubiges Verhältnis zu Gott finden kann.

Quaestiones disputatae, Band 40
104 Seiten, kart. lam., ISBN 3-451-02040-8

VERLAG HERDER FREIBURG · BASEL · WIEN

ERLÖSUNG UND EMANZIPATION

Herausgegeben von Leo Scheffczyk

Vor dem Hintergrund des weltweiten Emanzipationsprozesses und im Blick auf die daraus resultierenden Erwartungen von Befreiung durch gesellschaftliche Veränderung überdenken und verdeutlichen unter verschiedenen Aspekten namhafte Fachleute die christliche Erlösungslehre für den heutigen Menschen.
Inhalt: R. Affemann (ev. Theologe und Psychotherapeut): Sünde und Erlösung in tiefenpsychologischer Sicht. N. Lohfink (AT): Heil als Befreiung in Israel. R. Schnackenburg (NT): Befreiung nach Paulus im heutigen Fragehorizont. G. Greshake (Dogmengeschichte): Der Wandel der Erlösungsvorstellungen in der Theologiegeschichte. J. Möller (Philosophie): „Befreiung von Entfremdung" als Kritik am christlichen Erlösungsglauben. J. B. Metz (Fundamentaltheologie): Erlösung und Emanzipation. J. Ratzinger (Dogmatik): Vorfragen zu einer Theologie der Erlösung.

Quaestiones disputatae, Band 61
160 Seiten, kart. lam., ISBN 3-451-02061-0

VERLAG HERDER FREIBURG · BASEL · WIEN